ちくま新書

# ルポ 虐待
## ——大阪二児置き去り死事件

杉山 春
Sugiyama Haru



1029

ルポ 虐待——大阪二児置き去り死事件【目次】

# プロローグ

## †接見室の母親

「どうして私に会ってくれたのですか」

私は、透明なアクリル板の向こう側に座る芽衣さん（仮名）に尋ねる。

「子どもたちの仏前にお菓子を供えてくださったと手紙にあったからです。お礼がいいたくて」

芽衣さんは、わが子に親切を受けた母親が、丁寧に礼を言うように、おっとりとした口調で答えた。その自然さに、私は少しうろたえる。

グレーの上下のスウェットスーツ、肩のあたりから毛が金色に染まったたっぷりとした黒髪を一つに束ねている。すべすべのふっくらとした頬。遠慮がちにこちらを見る表情は、どこにでもいる若い母親だ。

私は、二〇一一年二月二十五日、大阪府警本部五階の接見室で、芽衣さんに面会した。その三週間ほど前、幼い二人の子どもの遺骨がある元夫の実家を訪ねていた。

近鉄四日市駅からバスで三十分程、伊勢平野の一角にある農村地帯にその家はあった。農家の作りの住宅の中庭には、ワンボックスカーや白いアウディなど、自家用車が三台止まっていた。

玄関口につながれた犬が激しく吠える。縁側の沓脱石《くつぬぎいし》に白い鼻緒の大きな草履がきちんと揃えて置かれていた。声を掛けると芽衣さんの元夫の母親、緑さん（仮名）が顔を出した。きちんと化粧をして若々しい、言葉遣いの丁寧な四十代の女性だ。

事件直後から、私は太田（仮名）家を数回訪ね、緑さんとは何度か顔を合わせていた。この日の訪問の前には、子どもたちの霊前にお参りをしたいという依頼の手紙を出していた。そのためか、すぐに夫を呼んでくる。

元舅の聡さん（仮名）は四十代後半。小柄ながら、身ごなしの敏捷《びんしょう》そうな、働き盛りといった男性だ。固い表情ながら、やはり丁寧な口調で「今日は法事なので」と、取材を断った。「子どもたちの法要ではないですが」と付け加える。その上で、神奈川県川崎市から、遠く訪ねてきた私を気の毒に思ったのか、持参した菓子包みは子どもたちの霊前に供《そな》える、と約束してくれた。

そこで私は、菓子包みを霊前に供《そな》えてもらったと芽衣さん宛の面会依頼の手紙に書いていた。

**†餓死現場**

二〇一〇年七月三十日未明、大阪ミナミの繁華街のそばの、十五平米ほどのワンルームマンションで、三歳の女の子と一歳八カ月の男の子が変わり果てた姿で見つかった。斎藤芽衣さんは、その二人の子どもの母親だ。

この夏はとびきり暑かった。子どもたちはクーラーのついていない部屋の中の、堆積したゴミの真ん中で、服を脱ぎ、折り重なるように亡くなっていた。内臓の一部は蒸発し、身体は腐敗し、一部は白骨化していた。

事件後、この部屋からは段ボール箱十箱分のゴミが押収されている。コンビニ弁当やカップ麺の容器、スナック菓子やパン等の包装類。生ゴミ、おむつなどだ。芽衣さんは、一月中旬に名古屋から大阪に引っ越して以来、一度もゴミを捨てていなかった。

部屋と玄関の間の戸口には出られないように、上下二カ所水平に粘着テープが外側から貼られた跡があった。冷蔵庫は扉の内側にまで、汚物まみれの幼い手の跡が残されており、食べ物や飲み物を求めたのではないかと推測された。そんな幼い手の跡は、周囲の壁にもたくさん残されていた。

大阪ミナミの風俗店でマットヘルス嬢だった芽衣さんが、子どもを残して最後に部屋を出たのは、六月九日。その約五十日後、ゴミで埋まったベランダから部屋に入ったレスキュー隊に子どもたちは発見された。

芽衣さんはこの間、出身地の四日市や大阪で遊び回り、その様子をSNS（ソーシャルネットワークソサエティ）をとおし、写真と文章で紹介していた。事件発覚当時、メディアは、つけまつげを二重につけアイラインで目の周りを強調したフルメイク、ドレス姿の芽衣さんの写真や動画を繰り返し流した。風俗嬢としての営業用に撮影されたもので、男性を誘うような姿態や表情、笑顔が強調されていた。

誰もが似たような顔つきになるこのメイクは、この年、若い女性の間で流行していた。ニュースはセンセーショナルに報じられ、ブランコで遊び、いたいけない笑顔を見せる二人の子どもの写真が繰り返し報道された。子どもを餓死させた後も遊び回る風俗嬢の母親は激しく糾弾された。

それなのに目の前の芽衣さんは、落ち着いた「母親」として座っている。

「ああ、この雰囲気は知っている」

と私は思う。

私は二〇〇〇年に、愛知県武豊町《たけとよちょう》で起きた、二十一歳の夫婦が三歳の女の子を餓死させる事件を取材して、『ネグレクト　真奈ちゃんはなぜ死んだか』を書いた。母親、雅美さん（仮名）にも拘置所で会っている。穏やかで、攻撃的なところのみじんもない顔つきが似ている。いや、穏やかなのではない。感情を閉ざし、表情を殺しているから似て見えるのだ。

ところで、雅美さんは、段ボール箱に入れたわが子には、死の直前までわずかながら食事を与えていた。わが子に死の予感をもった時、外出先からまっすぐにわが子のもとに向かい、いつもは点さない明かりをつけた。わが子の死を確認すると、驚いて夫を呼んだ。夫は警察に電話を入れて、事件が発覚した。子どもの死は認知が狂った両親を家族や社会へと再びつないだ。

一方、芽衣さんは、わが子の死を目の当たりにした後、さらに男友達を呼び出し、神戸の観光地にドライブに出掛け、ブログ用に観覧車の写真を撮り、ホテルでセックスをした。死さえ母を子どもの元に呼び戻さない。この隔たりが十年の変化なのか。なぜ、幼い二人はこのような形で亡くならなければならなかったのか。

## †なぜ子どもを放置したのか

分厚いアクリル板の向こうで、芽衣さんが表情の乏しい顔でこちらを見ている。

芽衣さんは、事件後長く「解離性障害の疑い」で、大阪厚生年金病院の精神科医森裕《ひろし》氏による精神鑑定を受けていた。その結果、責任能力があると判定されて、公判を待つ状況にあった。この間、いくつかのメディアが、拘置所で芽衣さんに接見した。どのメディアも、なぜ子どもたちを放置したのか、どんな気持ちだったのかと尋ねている。だが、芽衣さんは明確な理由を話していない。その一つ、『週刊現代』二〇一一年三月五日号では次のように肉声が報じられた。

「考えても考えても、自分がやったこととは思えない。なぜこうなってしまったのか、自分の中でもまだ整理ができていないんです」

インタビューは事件発覚から半年以上が経っていたが、芽衣さんはリアルな記憶を保持できない。確かに、離人症的傾向を現しているようにも感じられる。

だから私は面会で、踏み込んだ話をするつもりはなかった。なぜ、わが子をネグレクトして亡くしたのか。答えを見出すには、自分自身に向き合う長く厳しい作業が必要だろう。治療の力を借りなければ、自分を取り戻すことはできないのではないか。

そこで私は取材で知ったこと、出会った人などを話題にした。

「お母さんの上杉礼子さん（仮名）は面会にも来ているようですね。芽衣さんもよくお母さんに手紙を書いているんですね。私もお母さんには手紙を書いて、お住まいのアパートまで持っていきました。そうしたら芽衣さんの手紙が郵便受けに入っていた。それで上に重ねて置いてきました。お返事はいただけませんでしたけれど」

芽衣さんはゆっくりとうなずく。

「それから、お父さんの斎藤祐太さん（仮名）が監督をしている四日市の高校の、元ラグビー部員だった濱田さん（仮名）のお母さんにも会いましたよ」

「ああ、濱田君ですね。覚えています」

「濱田君は、芽衣さんは優しい人だった、事件のことは信じられないと、言い続けていたそうです」

おとなしく、運動神経がいいとは言い難い濱田君は、ラグビー部の合宿で斎藤監督に叱責された。すると、手伝いに来ていてそれを見ていた芽衣さんから「一生懸命頑張ったんだから、それでいいんだよ」と声を掛けられた。とても救われたということだった。

そんな話をしていると、芽衣さんの目に涙が浮かぶ。

「それから四日市では、何人か中学時代のお友達に会いました。なかには拘置所に面会に来た人もいるのではないですか」

「来たのですが、会いませんでした」

芽衣さんは子どもたちだけを部屋に残し、戻らなかった時期、繰り返し四日市を訪ね、中学時代の仲間やママ友たちと飲んだり、プリクラを撮ったり、遊んで過ごしていた。事件発覚から半月後、四日市を訪ねた時、友人たちは、芽衣さんの逮捕にショックを受け、あの時期何かできることはなかったのかと自らを責めていた。

芽衣さんが、直前まで親しみ、自分のことを心配している友人には会わなかったのが少し意外な気がした。

## †児童相談所はなぜ介入に失敗したのか

「よく眠れていますか？」

「眠れています」

「お子さんのことを思って、祈ったりしているのですか」

「いいえ、できません」

私も涙が流れて仕方がない。というのも数日前の取材で、元大阪市中央児童相談所所長で、花園大学教授津崎哲郎さんが、語気を強め机を叩いてこう述べたことを思い出したからだ。

「五月の時点で、大阪市の児童相談所は介入に失敗した。これは、完全に救えた事例です」

津崎さんは、大阪市が行ったこの事件について開いた児童虐待事例検証部会の部会長を務めた。

児相の介入が成功していたら、目の前に芽衣さんはいなかった。育児支援を必要とする母親として、手厚くケアを受けていたはずだ。

だが、大急ぎで付け加えれば、介入は簡単ではなかった。大阪市内の弁護士で、児童虐待や少年の非行問題等に詳しい峯本耕治さんはこう語った。

「この事件の特異さは、情報が全くなかった点です。今までの重大ケースは、どこかの機関に何かしらの情報が入って、少なくとも、そこに誰がいるかがわかっていた。その上でアセスメント（査定）を間違えた、判断はできていたが、タイミングが遅れた、ということで子どもが亡くなった。しかし、今回は母子がどのような状況にあるか、全くわからなかった。それではアセスメントのしようがありません」

「体には気をつけてくださいね」と告げると芽衣さんはうなずく。芽衣さんの後ろで会話を記録していた制服姿の女性職員が面接の終わりを告げ、立ち上がる。芽衣さんも立ち上がり、私に頭を下げると奥の扉から出て行った。

「今日はこの程度で、また、面会にくればいい」

私は、大阪府警本部の要塞のような建物の玄関を出ながらそう思った。

だがその後、何度か拘置所を訪ねたが、芽衣さんに会うことはかなわなかった。

次に芽衣さんを見たのは、二〇一二年三月五日から十六日まで大阪地方裁判所で行われた、裁判員裁判による一審の法廷だった。連日傍聴券を求めて並んだ。

法廷に現れた芽衣さんは、黒いチュニックのパンツスーツで、白い襟のついたシャツを着ていた。背の途中で色が変わり腰の辺りまで流れる見事に輝く髪を一つにまとめていた。松原拓郎弁護士の隣に座ると、顔を覆っていたマスクを取った。小さな顔が緊張して白っぽく見えた。七日間の裁判の間、シャツの色がうす水色に変わる程度で、同じ服装で通し、清楚に喪に服しているようにも見えた。

裁判員裁判で、西田眞基《まさき》裁判長の両隣には法衣を着た裁判官が、その左右の裁判員の席には六人の裁判員と一人の予備員が座っていた。裁判官の一人が若い女性。六人の裁判員の中には三十代と五十代後半と思われる二人の女性がいた。

この法廷で懲役三十年という、児童虐待死事件としては例を見ない判決を受ける。芽衣さんは上告した。

## †変容する日本社会のなかで

芽衣さんが夫婦と子どもたちの家族で暮らした三重県菰野町《こものちょう》周辺を歩いた。湯の山温泉、御在所岳などの観光地を擁し、自然に恵まれた穏やかな雰囲気が漂う町だ。四日市市に隣接し、新興住宅地が広がる。自然の豊かさと経済的豊かさが両立しており、福祉が充実して子育てがしやすいと聞いた。

当時、二歳年上の成人後間もない夫は、大手自動車部品メーカーの地元工場に勤務していた。派遣社員から正社員になって、間もなかった。2DKのアパートは夫の実家からは車で十分ほどのところにあった。

この町で芽衣さんを知る人たちは口々に言った。

「若いのに、えらいと思っていました」

「何の問題のない母親でした」

「優しい人でしたよ」

環君（仮名）が生まれた時、芽衣さんは一歳五カ月のあおいちゃん（仮名）を保育園に預けた。必要に応じて公的サービスも使う、しっかり者だった。子育てサークルにも参加して、時には自宅の2DKのアパートに、育児仲間の母親たちを呼んだ。休日に、一家四人が庭先で過ごす姿も目撃されている。

その生活が破綻して離婚が成立し、満二歳のあおいちゃんと生後七カ月の環君を連れて町を出たのは、〇九年五月末ごろ。それから衰弱していた二人の子どもを放置して大阪市のマンションを出るまで、たった一年。その間に数度の転居がある。そのスピードと移動に目眩《めまい》がする。

「移動」は十年前、愛知県武豊町で起きたネグレクト事件とは大きく異なる点だ。この武豊事件は、家族が住む社宅で起きた。だから、そこに誰が住むか行政も知っていた。だが、芽衣さんの住民票は名古屋にも大阪にもなく、離婚後数日を過ごした桑名市にあった。当時、芽衣さんの実母が同市で生活していた。

二十歳以下の子どもを抱えている単独の母子家庭は、平成七年の国勢調査で約五十三万軒、平成十二年で約六十二万軒、平成十七年が約七十五万軒。五年ごとに十万軒ずつ増えた。最新の平成二十二年調査では、約七十六万軒と高止まりしている。

この間、労働市場は大きく流動化した。非正規雇用の進行で、母子家庭の母親が正社員になる道はますます険しくなった。二十歳未満の子のみの母子家庭の三分の二が貧困家庭だ。

育児支援の現場で聞けば、子どもを抱えて、家を失い、友人宅を転々とする若いシングルマザーは実は少なくない。ネットで知り合った男性の家に子どもを連れて一時期過ごしていたという女性がいる。長い間、母親が連れているはずの幼女を誰も見ていないという例もあると聞いた。こうした女性たちはパートナーを次々変える。

大きく日本社会が変容する。芽衣さんの事件はその先駆けのように起きた。母子に何が起きていたのか。なぜ、幼い子が亡くならなければならなかったのか。私は知りたいと思った。

第一章

# 事件

## †二〇一〇年二月　マンションに響く泣き声

かんかん照りの日差しを浴びて、マンション前の三畳ほどのわずかなスペースにびっしりとお菓子と飲み物が並んでいる。

身体の線がぴっちりと出たオレンジ色のニットのノースリーブのワンピース姿と、Gパンに白いTシャツ、細いヒールのサンダル姿の女性の二人連れがしゃがみ込む。バッグから出したスナック菓子の袋を開け、小さな野菜ジュースのパックにストローを刺して置き、両手を合わせる。

立ち上がった二人に声を掛ける。どちらも接客業だという。

「どうしてこのお母さんが、自分の親を頼らなかったのか、不思議です。私も親がいなければ子育てなんてできません」

一人がそう語り、傍らの女性とうなずき合った。

次は若い男女。男性は神妙な表情で女性がお菓子を供えるのを見ている。

「ニュースを見た時から、一度来たかった。他人事だと思えません」

やはり接客業だという女性は、そう語った。自分も子育て中で、子どもは親に見てもらっている。「他人事とは思えない」という感覚は、ここを訪れる多くの女性が共有している。

その傍らを、半地下の駐車場に向かって、荷物を抱えた女子大生らしき人が父親とおぼしき男性と歩いて行く。

このマンションの三〇三号室で幼い二人の子どもが変わり果てた姿で見つかったのは、つい半月ほど前。事件を受けて、この若い女性のように、住み続けられないと引っ越していく人たちも少なくない。

さっき話を聞いた三十代の男性も引っ越し準備中だと言った。その男性が許可をくれたので、オートロックの扉を越えて中にはいった。エレベーターで三階にあがる。非常口や窓が開け放たれて、薄暗い廊下にまぶしい真夏の光が差し込む。かすかに鼻腔にひっかかるいやな匂いがする。窓や扉が開け放たれているのは、この匂いのせいだ。子どもたちが確かにここで亡くなっていったと主張していた。

室の扉の新聞受けを押して覗いてみたが、その先には闇が広がるばかりだ。

二〇一〇年の二月から六月頃まで断続的に、扉の横のこのインターホンから「ママ、ママ」と呼ぶ、幼い子どもの泣き声が、明かりがともされた廊下に響き渡っていた。

## †夜の女性たちが暮らす町

ここは大阪ミナミの繁華街の道頓堀から徒歩で十分程。若者向けのカフェやブティック、雑貨店、アウトドアの店などが並ぶ、大阪でも最もおしゃれな地域だ。芽衣さんが勤務していた風俗店、「クラブR」にも徒歩数分だ。

通りに何軒かの大型家具の店舗が並んでいるのは、前身が文久の頃から二百五十年続いた家具の町だからだ。六十五年前に大阪大空襲で焼け野原になったが、再興され、バブル期までは、この通りには家具の問屋や店舗が軒を並べていた。

だが、近年、作り付けのクローゼットなどが普及し、人々の生活から大型家具が消えた。町の旦那衆は生き残りをかけて店舗や住まいの賃貸業に転身。おしゃれな店舗やカフェを呼び込み、若者の町に仕立てる戦略を打ち出した。

気をつけて見ていると夕刻自転車で店に向かう、水商売の若い女性や、ふだん着でマンションから出てきて、タクシーに乗り込む女性がいる。平日の午前中にも来てみたが、近くのビルの中の保育室から子どもを引き取り、歩いて近くのマンションまで帰る母子がいた。ミナミの繁華街で働く女性たちが暮らす町でもあることが知れる。

芽衣さんが子どもたちと暮らしていた寮があったのは、通りから少し奥まって建てられた十一階建ての堅牢な単身者向けの貸しマンションで、七十六戸が入る。その一部がオーナーからミナミの風俗店に貸し出され、寮として使われていた。そんなマンションがこの地域にいくつもある。

芽衣さんはここに二人の幼い子どもを連れて、二〇一〇年一月十八日に引っ越してきた。

## †関わりを避ける近隣住民

一階まで降りると、玄関ホールにはビラが張り出され、定期的に住民同士の懇親会を開くことが告知されていた。芽衣さんの事件は、住民同士の孤立が招いたと、お互いが親しくなる必要を訴える。世話人として数名の名前と部屋番号が書かれていた。その全てのポストに、名刺の裏に取材依頼を書いて投函した。

翌日の土曜日の午前中、改めてマンションに出向き、インターホン越しに声をかけた。芽衣さんと同じ三階に住んでいる二十七歳の男性会社員が応じてくれるという。しばらく待って現れたのは、サングラスに流行のストローハット、デザインの凝ったTシャツ、膝下までロールアップしたベージュのパンツに黒いサンダルのおしゃれな人だった。デザイン関係の仕事で、毎晩帰宅は九時から十時だったという。二月ごろから六月まで、深夜十二時頃から、ベランダ越しに夜中じゅう泣き続ける子どもたちの声を聞いていた。

「近くにファミリータイプのマンションがあるので、そこから聞こえてくるのかなとも思いました。確認はしませんでした。誰かが通報するんじゃないかと思っていました」

男性はひと言ひと言確かめつつ、言葉を発する。誰かがいつかやってくれるだろう。その無関心さが事件を引き起こしたと、この男性は自責の念を抱えていた。だから、望まぬ取材にも応じてくれる。

マンションの住民は、二十代、三十代の単身者ばかりだ。地方出身者が多い。

「エレベーターで行き会ってもアイコンタクトはとらない。人に関わらないことで、身を守っているという感じがありました。ですから隣の住民に子どもがいるかどうかもわかりませんでした」

おしゃれをした青年たちが出入りをし、お互い見かわすこともない。無関心であることが一つのマナーだ。そんなマンションのなかで、芽衣さんは風俗嬢として子どもを連れて生活を始めた。この環境で、子育てに悩んだ母親が周囲にSOSを出すことができるとは正直思えなかった。

マンションの取材と並行して、私は芽衣さんがこのマンションに入居した当時、近くの公園で声を交わしたという女性を探した。

彼女は一月頃、芽衣さん親子に行き会った。携帯電話の操作に没頭する芽衣さんの傍らで子どもたちが所在なく過ごしていた。

「名前は何ていうの?」

声をかけたが、芽衣さんは携帯から目を離さず「あおい」とだけ答えた。

この女性は事件後、報道陣の囲み取材を受けてそんなふうに答えたという。

その後間もなく、私はこの女性の連絡先を記者仲間から聞いた。電話をすると女性が出た。もう少し当時の親子の様子を聞きたいと伝えると、「今、子どもたちがうるさいから、明日の同じ時間に電話をしたらどうですか」と言う。

奇妙な言い回しだと思ったが、大阪滞在を一日延ばすことにした。

翌日指定の時間に、女性の自宅近くまで行き、携帯から電話をかけた。芽衣さんが暮らしていたマンションから五分ほどの公園の反対側にあるファミリー仕様のマンションだ。留守番電話の音声が流れる。急用なのか、取材の約束を忘れたのか。

夕方、電話を掛けると女性が出た。「用事ができて出掛けた。今は子どもがいて話すことは難しい」という。明日ならいいかと尋ね、都合の良い時間を教えてもらう。さらに一晩大阪に泊まった。時間どおりに電話をしたが、やはり留守番電話の音声が流れる。私はようやくこれは彼女なりの取材拒否なのだと気づいた。

同じような出来事はほかにもあった。ある人から芽衣さんの知人だという男性の電話番号を教えられた。電話口に出た男性は、「取材にお答えするかどうか、少し考えさせてください」と丁寧に言った。だが、翌日電話をした途端、ブッと切られた。ディスプレイに私の番号が出たのだろう。再度電話をしたが、その後はずっと呼び出し音が鳴り続けた。

二人とも「取材は受けません」とはっきりと自分の言葉で断ることはしない。十年前の取材では、面と向かって話せないと断られることが多かった。だが、今やスイッチを切ってしまえば、消えていなくなるテレビの中の人間のように扱われる。関わるよすがない。

## 一月十八日　風俗店での面接

二〇一〇年一月十八日、芽衣さんは二歳八カ月のあおいちゃんの手を引き、一歳三カ月の環君をベビーカーに乗せ、大きな荷物を持って、大阪ミナミの老舗風俗店に面接に行った。

数日前、住んでいた名古屋のマンションで、留守中に子どもたちがタッパーを持ち出して、トイレで遊んで床を水浸しにした。階下からは水が漏れたと苦情があった。これまでも子どもたちは、よく、トイレで水遊びをして周囲を水浸しにしたが、水漏れの苦情は初めてだった。

芽衣さんは部屋をそのままに、子どもたちを連れ、逃げるように大阪の父方の祖父母の家に行った。祖父母は八十歳を過ぎていた。子どもたちを会わせるのは初めてだった。

小学校時代、両親が離婚して、高校教師をしていた父親の祐太さんに育てられていた頃、夏休みになると川っぷちの工場地帯のこの家に預けられた。だが、中学生になってからは、部活を理由に、来ることはほとんどなかった。祖父母は自分の結婚式にも出ていない。関わりは乏しかった。

芽衣さんはこのとき初めて祖母に、自分の離婚を告げた。理由は言わなかった。今は名古屋で夜の仕事をして稼いでいると伝えると、祖母は、夜働いて子どもを育てるのは偉いと、励ましてくれた。

三日間の滞在中、芽衣さんが公園に子どもたちを連れて行ったのは一度だけだ。長い時間祖母の家で携帯を操作していた。そうやって仕事も探したのだろう。

祖母の目から見て、子どもたちはよく太っていた。ただ、二歳八カ月になっていたあおいちゃんが何を話しているのかわからない。言葉の発達が遅れているようだった。環君は食欲旺盛で、何でもよく食べた。

祖母は膝を痛めており、環君を抱き上げようとすると、芽衣さんが「あかん、あかん」と止めて気遣った。優しい孫娘だった。

十八日、芽衣さんは心斎橋で買い物をしてから名古屋に帰ると言い出した。実は、芽衣さんがこの日、面接した風俗店「クラブR」はそこから歩いて数分のところにある。祖母は幼い子どもらを連れて、都会を一人で歩くことに反対した。祖父と一緒に三人を近鉄電車とJRの乗り入れ駅である鶴橋駅まで送り、名古屋まで二席分の特急券と乗車券を芽衣さんに買い与え、電車が出るのを見送った。

## †風俗嬢としての生活

数時間後、芽衣さんは「クラブR」に面接のために子連れで訪れた。

主任の三田村さん（仮名）によれば、あおいちゃんは芽衣さんに手を引かれ、ぷくぷく太った環君はベビーカーの上で機嫌良くしていた。環君は、芽衣さんに抱き上げられると笑顔を見せて甘えた。

面接で志望動機を聞かれた芽衣さんは子どもに学資保険を掛けたいからと言った。三田村さんは検察に次のように供述している。

「他の人は自分のためにこうした店に働きにくるが、芽衣さんは、子どものために働こうとしている。真面目な人だと思い、尊敬しました」

三田村さんは、芽衣さんのためにあちこちに電話を掛けて子どもたちを預かってくれる託児所を探し出した。

芽衣さんはすぐに子どもたちを近くのビルの一室にある託児所に連れて行った。受け付けをしている時、子どもがひとり泣いていたが、職員は手が空いているのに、抱き上げようとしない。いい印象を持てないまま、あおいちゃんと環君を預けた。

三田村さんはさらに寮としてマンションの一室を与えた。そして、芽衣さんとセックスをした。仕事の講習だったのか。三田村さんは待遇を決め、その後の生活全般を管理する上司である。望もうと望むまいと求められれば拒否できない。芽衣さんは出来事の全てを受け入れる。

初日はそのまま、新人女性として仕事に入った。

その日、仕事を終えた芽衣さんは、疲れた身体を引きずって子どもたちを迎えに託児所に行く。泣いていたあおいちゃんが、芽衣さんを見るなりしがみついて来た。二人の子どもがどのような一日を過ごしたのかと思う。二度と託児所に預けなかった。芽衣さんは抗議をして交渉し、状態を変えようとはしない。

風俗店の勤務は夕方六時から深夜十二時までだったが、子どもたちを家に置いて出掛けるようになった。

一審の裁判で松原弁護士に尋ねられている（裁判の記録は、傍聴メモによる。以下同じ）。

「区役所に連絡を取る等、誰かに助けてもらおうとは思いませんでしたか」

「思いませんでした。誰も助けてくれないと思っていました。助けてくれそうな人は、思いつきませんでした」

大阪での生活はどのようなものだったのか。

## †三月　ホストにハマる

寮で生活を始めた当初、芽衣さんは数回、子どもたちを公園に連れて行った。仕事後、同僚からホストクラブに行こうと誘われて、子どもを理由に断ったこともある。当初は子どもを中心にした生活を送ろうと努力をした。

ただし、引っ越し後、子どもたちの遺体が発見されるまで、子どもたちに食事を作ることはなかった。部屋には包丁さえない。コンビニ弁当やカップ麺、スナック菓子などを買って帰った。ごみは一度も捨てなかった。

上司の三田村さんとの個人的な関係はしばらく続いた。

二月初旬には、芽衣さんは三田村さんと子ども連れで心斎橋にあるディズニーストアに出掛けた。三田村さんに子どもたちを預けて芽衣さんがトイレに行くと、あおいちゃんがママーと大声で呼んだ。戻って来た芽衣さんには満面の笑顔で抱きついた。三田村さんは二月末に芽衣さんの寮を訪ねている。三月下旬に三田村さんの父親が亡くなったときには、芽衣さんから思いやりのある言葉を掛けられた。

三田村さんは警察での取り調べで、芽衣さんは誰にでも気さくに話しかけ、人を思いやる人だったと供述している。

二月から三月になると、芽衣さんは、週に二、三回、仕事帰りに同僚とミナミのホストクラブに出掛けるようになった。時には閉店まで残り、ホストの一人と帰って行く。次第に寮のあるマンションと勤務先の店との間にある特定のホテルで一緒に過ごすようになった。ホストの家を訪れることもあった。寮に帰る時間が遅くなり、朝方に子どもたちの元に戻ることが増えていく。生活のリズムが変わっていった。

三月半ばになると、ホストの恋人の部屋でほぼ生活をするようになった。

マンションには、子どもに食事を与えるために戻る。ジュースや牛乳のパックにストローを刺し、パンやおにぎりの袋を破って置く。しばらくそこに留まり、それから、家を出るようになった。

## †「メディア」こそが現実

芽衣さんは子どもを連れて名古屋で暮らし始めてから、自分と子どもたちの様子を元夫だけでなく、父親にもメールで送っていた。

子どもたちは夜は託児所に預けている、昼間は一緒にいる。公園で一緒に遊んでいる。子ども中心に生活していると、折々に写メールを送った。

中学時代、いつも少し話を「盛って」、自分を大きく見せていたように、元夫や父親にも、自分は子育てをちゃんとしていると伝えてきた。本当に子育てをしているかが重要ではなく、「メディア」を通じてみせること。それが現実となる。

親や元夫たちは、その芽衣さんの報告を疑わない。

だが、たとえば、ベビーカーにパンパンに荷物を詰めたバッグを乗せ、一歳二カ月の息子を寝かせ、二歳八カ月の娘の手を引いて、一月のかさかさと枯れ葉が風に舞う大阪の町を歩くときの寒さ、重さ、不自由さを家族らはどこまで実感していたのか。

夕方になると家を出て行く母を追う子どもの泣き声の甲高さをどこまで感じていたのだろうか。

ホストとの生活が順調だった三月頃、芽衣さんは父親に次のようなメールを送った。

「さっきゆえへんかったけど、夜の仕事はやっぱりしばらく続けることにしました。何回か相談したくて電話したけど、忙しいみたいやし、やっぱり自分のことやで父に相談してきめようなんて甘いと思って。

私は私で生活していくし水商売でも私は恥ずかしいこと今してないしこれからも今までどおり頑張っていきます」

この夜の仕事とは風俗店のことではない。芽衣さんは、家族にも、また、元夫にも風俗で働いているとは告げていない。父親とは、四月まで水商売をしてお金を貯め、それを元手に四日市に戻り、アパートを借り、昼間の仕事に就くと約束をしていた。

だが、もう約束を守ることに疲れを感じたのか。ホストの恋人に頼ることで、自力で立ち上がる生活を諦めたのか。長い時間を自力で戦う恐怖を思えば、ホストの甘い言葉は身体の隅々までがほどけるほどの安らぎを生む。

もっとも、ホストクラブとホテルに使えば、お金はあっという間に消えただろう。

芽衣さんは本当は何よりも父や親族の助けを必要としていた。このメールは、さらに芽衣さんが父親や親族に頼ることを難しくした。

父親のこの頃の心境はどのようなものだったのか。取材で、父は私に次のように言った。

「もっと必死になって、たとえば、刑事のように探せば、足がかりは探せたと思うんです。でも、もう芽衣は二十歳を過ぎていて、自分の意思で結婚をして、子どもを二人抱えて、ちゃんとしなければいけないことぐらい分かっていたはずです。なのに反省している様子もなく、勝手にすると言ってきた。それならちょっとくらい苦労をして、子どもを育てることがどれくらい大変なことか分かって、お父さんにも迷惑をかけたと気づいて、助けてと言ってきたら助けてやろうと思っていました。教育的な考えもあって、放っておきました」

子どもたちを一人で育てさせることが、父の言葉をきかない娘への躾であるかのようだ。

教員だった父もまた二度の離婚を経験し、シングルファザーとして三人の子どもを育てている。子育ては父には苦行だったのか。

### †三月三十日　児童虐待ホットラインへの通報

マンションの三階に女の子の泣き声が響くようになったのは、二月から三月にかけての頃だ。夜の九時から十二時頃まで、毎日のように続いた。同じ階の女性は、その声が気になっていた。

少し前だったが、髪の長い女性が、子どもを一人ベビーカーに乗せ、もう一人を歩かせているのに行き当たったことがある。彼女は三〇三号室に住んでいた。

ドアスコープから外をのぞいたが、廊下に子どもの姿はなかった。インターホン越しのような、ザザッというようなノイズが入った「ママー、ママー」という声が聞こえる。耳を塞ぎたくなった。不思議なのは、その声の後ろになだめる声にしろ、叱る声にしろ、大人の声が聞こえないことだった。

休日に家にいると昼間からその泣き声が聞こえた。この女性が職場の同僚に相談すると、児童虐待ホットラインに電話を掛けたらいいのではないかと言われた。

大阪市では市は二十四時間態勢で通報を受ける、児童虐待ホットラインを設置していた。女性は二週間ほど電話をためらった。それでも、子どもの母を呼ぶ声は、毎晩続く。同僚にその後その子はどうなったかと尋ねられ、三月三十日午前九時三十分、大阪市のこども相談センター（児童相談所）の児童虐待ホットラインに通報した。自分の名前は伝えなかった。

「このマンションの三〇三号室で、ほとんど毎晩、深夜に子どもが激しく泣いています。ほかの住民も知っていると思うんですが。母親は、子どもを置いて、働きに出ているのではないでしょうか」

と女性は言った。

職員は、その日のうちに西区の子育て支援室に連絡を入れ、この部屋の住民名を照会した。だが、この部屋の住民登録はなかった。実際に幼い子どもが住んでいるのか、確認がとれない。区の子育て支援室の職員と一緒に、マンションを訪ねることにした。

## †三月三十一日　職員の訪問

翌三十一日、午後三時。二人はマンションの前に立った。入り口はオートロックになっている。教えられた部屋番号を押した。五回押してみたが、静まり返ったままだ。

駐車場の側から郵便受けを覗いてみる。チラシがたくさん詰まっていて、日常的に利用している気配がない。裏の自転車置き場に回り、ベランダを見上げる。特に変わった様子はなかった。玄関に戻り、インターホンを三回押した。返事はなかった。

翌日、四月一日には、こども相談センターの職員二人だけで午前十時にマンションを訪ねた。だが、今回もオートロックで中に入れない。インターホンを押しても返事はなかった。

さらに翌四月二日午後六時、今度もこども相談センターの職員二人が、マンションを訪ねた。玄関でインターホンを押しても返事はない。

どのような仕事をしているにしても、幼い子どもを育てていれば時間帯を変えて訪ねれば会えるはずだ。本当にこの部屋に子ども連れの女性は住んでいるのだろうか。職員の頭に疑念が浮かんだ。

玄関の入り口には、管理会社の連絡先が複数掲げられていた。建物の管理を担当する会社と、居住者を管理する会社だ。連絡先をメモし、こども相談センターに戻った。

翌朝、担当職員はさっそく管理会社に電話を入れた。

「このマンションの二階、三階に幼児のいる世帯はいないでしょうか」

個人が特定されないよう注意を払い、具体的な部屋番号は伝えなかった。

「基本的に単身者向けのマンションです。分譲貸しですので、所有しておられるお客様がどなたに貸しているかは、私どもでは把握しておりません。家族構成もわかりかねます」

「住民の方から、泣き声通報はありませんか」

「ありません」

さらにこども相談センターの担当者は区の子育て支援室に連絡を取り、同じ階の全室の住民登録を確認した。その上で、地域の主任児童員に連絡を取り、何か聞いていることはないか聞き取りをするよう依頼した。ただ、このとき、マンション名や部屋番号は伝えなかった。まだ、虐待と決まったわけではない。個人が特定されて、噂になったら困るだろうと考えたためだ。

これまでも調査で聞き込みをして、「おかげで住めなくなった」と怒鳴り込まれたこともある。細心の注意が必要だった。

**「これまでの経験では考えられなかった」**

西区の子育て支援室からはすぐに返事が届いた。主任児童員は何も知らないという。こども相談センターの職員は新しい情報が入ったら伝えて欲しいと主任児童員に伝言した。ただし、最後までマンション名を伝えて欲しいとは言わなかった。

大阪市こども相談センターの副所長で相談支援担当課長（当時）は言う。

「三十年間児童相談所で働いてきて、これまでも、お母さんが子どもを部屋に置いて仕事に行く、夜遊んでいる、というケースはありました。しかし、子どもを家に残して、帰ってこないということは想像できませんでした」

私は話を聞きながら「ああ、まただ」と思った。大阪二児置き去り死事件で、行政に取材をするなかで、繰り返し「これまでの経験では考えられなかった」という言葉を聞かされてきたからだ。

ところで、私が出会った地元の商店主の一人は「私たちはマンションの住民や店子《たなこ》のトラブルには立ち入りません」と言った。自治会は地元民である商店主たちの集まりだ。彼らがマンションや貸店舗を経営している。彼らの自治会にマンション住民は参加しない。風俗店等が寮にしているマンション内に誰が住んでいるのかは把握できない。

この商店主は言う。

「国勢調査で一番困るのが、そういう、風俗店の寮になっている部屋です。いつまで待っても調査票が戻ってこない。白紙で出したこともあります。ガード下のホームレスは用紙を持って行ってその場で書いてもらえるんですが」

風俗嬢の実態は、ホームレス以上に「見えない存在」だ。彼女らは社会から奥深く姿を隠す。

## †四月八日　二度目の通報

こども相談センターや区の職員がマンションを訪ねた四月二日の早朝、芽衣さんはエイプリルフールにかこつけて、SNSに投稿した。「最後にこれだけは言わせて、妊娠しました。うぴ♥」とハートマークとともに書いている。

このとき、芽衣さんの二人の子どもたちは泣き叫んでいた。その世話に困難を感じていたはずだ。だが、もはやその困難とは向き合えない。

その代わり、別の男性の子どもの妊娠は友達に見せびらかす。「愛されている自分」というアイデンティティを支え、家庭と経済をもたらしてくれる男性とのつながりを作り出す「子ども」。それが生き延びるために芽衣さんに必要なものだった。

このころ、芽衣さんは同僚に「仲が良くなったホストと一緒に住みたい。でも、子どもたちが居るから無理」と話している。

ホストの名前は滝田さん（仮名）といった。芽衣さんは彼の店に週に五、六日通い詰め、一回五千円から二万円を使った。店が終わるまでいて、一緒に帰った。

四月八日の夜八時二十分、再び同じ女性住民から、こども相談センターの虐待ホットラインに通報が入った。

「インターホンから相変わらず子どもの泣き声が聞こえています。大人の声が聞こえてきません」

「あなたの連絡先を教えて頂けますか？」

「それはちょっと困ります」

「それでは同じマンションにお住まいかどうか、教えて頂けますか。場所がわからないときには、ご協力をお願いしたいのですが」

「いえ、それもちょっと……」

女性は言葉を濁した。

万が一、この時、別の住民からも通報が入っていたら、センターは確信をもって対応したとこども相談センターの副所長は言った。だが、毎回同一人物からの連絡しかない。

「本当に泣いている子どもはあの部屋にいるのだろうか」

疑問は解消されなかった。

翌九日午後二時、こども相談センターの職員二人は、支援の手順に従い、マンションを訪ねた。オートロックの扉の前でインターホンを押しても応答はない。住民の出入りに合わせてマンション内に入った。建物の中に入ったのは初めてだった。

三階に上がり、三〇三号室のチャイムを鳴らす。部屋は静まり返ったままである。さらに扉を三回ノックしてから、声を掛けてみた。反応はない。注意深くドアに鼻を近づけて匂いをかぐ。子どもがネグレクトされ、ゴミ屋敷となった家からは、独特の据えた臭いがするはずだ。だが、この家には特に気になることはなかった。ドアの郵便受けを押してみたが、部屋の内部は見えなかった。さらに、耳をドアに押し当てて、扉の向こう側に聞き耳を立てた。静まりかえっている。

誰かが部屋にいれば、コトリとでも外に音が漏れるだろう。

「本当に親子がいるのだろうか」

電気メーターで電力消費を確かめようと、改めて廊下で目を凝らしたが、外からは電気メーターは見ることができない造りになっていた。

一階まで下り、玄関ホールから外に出る。さらに、左側の駐車場に回り込み、そこから投入できる郵便ポストに、児童相談所が訪ねて来たことを伝える不在箋を入れた。隙間からポストの中を覗いてみると、宅配便の不在票が入っている。一人がそっと引っ張りだし、「斎藤芽衣」と名前をメモした。

こども相談センターに戻り、再び区の子育て支援室に連絡を入れ、区内に斎藤芽衣という名前の住民登録があるかを尋ねた。だが、その名前はないという。

ところで、マンションにはほかに、残された子どもたちの泣き声を聞く者はいなかったのか。

隣の部屋の会社員の男性がベランダ越しに外から子どもたちの激しい泣き声を聞いたのはこの頃だ。近くのファミリーマンションからの声だろうと、気に留めなかった。もっとも、ベランダ越しに隣家の部屋から、かすかに嫌な臭いがした。だが、梅雨に入り、窓を閉め切ると、臭いは気にならなくなった。

## †五月十六日　子どもの誕生日を恋人と祝う

自分に二人の子どもがいると芽衣さんがホストの滝田さんに打ち明けたのは四月半ばだ。「夫が家に帰ってこなくなった。子どもは夫の実家にいる。風俗嬢をしているのは、子どもを引き取るためだ。一〇〇〇万円貯めたら子どもを引き取ることになっている。既に五百～六百万円貯めた」と話を作った。滝田さんは、警察の取り調べで次のように供述している。

「芽衣が子どもがいることを黙っていたことを知って、腹を立てた。だが、事情を聞いて、気の毒に思い許しました」

芽衣さんは何としても滝田さんを手放したくない。

新聞報道によると、四月中旬から六月中旬までの三〇三号室の水道使用量はゼロだった。芽衣さんは、このころから子どもたちを風呂にいれることも、着替えさせて洗濯をすることも、さらにおむつを替えることもほとんどしなくなる。

同時に風俗嬢として熱心に働き、金を稼ぐことが難しくなった。

四月中芽衣さんは、滝田さんの歓心を買い、共に楽しい時間を過ごすために、滝田さんが勤務するホストクラブで金を使った。総額は五〇万円程度にまでなったが、期日の五月五日がきても、支払うことはできなかった。

金を巡って滝田さんとの仲はぎくしゃくする。

五月十六日、芽衣さんは、滝田さんの家に子どもたちを連れて行った。あおいちゃんの誕生日を一緒に祝うためだった。子どもの誕生日は大切な記号だ。誰かと祝わなければならない。だがその時点で、子どもたちの姿は既に大きく変化していた。

公判で読み上げられた滝田さんの調書にはこの日の様子が次のように書かれていた。

「女の子は怯えた表情だった。無表情で、泣きも笑いもしなかった。芽衣が与えると、ジュースを飲んだ。芽衣はおむつを替え、お尻拭きシートでお尻を拭った。

環君は、ほとんどしゃべらず、無表情だった。自分が抱いて芽衣が携帯で写真を撮った。芽衣が子どもたちに話しかけたり、遊んだりした記憶はない。芽衣は二人を風呂に入れた。あおいちゃんのお誕生日だからと、皆で（大阪市港区天保山にある水族館）海遊館に行こうと話し合っていた。だが、芽衣さんは眠いと言って、そのまま寝てしまった」

これが子どもたちには最後のお風呂だった。

## †やせ衰えた子どもを写した最後の写真

この日の子どもたちの写真は、芽衣さんの携帯電話のデータに残っていた。

事件発覚後、元夫の照夫さんをはじめ、子どもたちの親族は、大阪地方検察庁に呼ばれこの日の写真を見せられた。

法廷で照夫さんは次のように証言している。

「あおいはママにキスをされていましたが、私の知っているあおいは、ママにキスをされたら、笑顔で写っているはずです。でも写真の彼女は、何の表情もなく、全てに絶望しているような顔をしていました。

環も、私の知っている環とは違って、足も腕もガリガリでした」

また、元姑の緑さんは次のように証言した。

「写真を見て、あおいとは別人だと思いました。目がうつろで、どこにも焦点があっていない。魂が抜けたような表情をしていました。環はどなたかの腕に抱かれて寝ている写真でしたが、痩せて小さくなったなと思いました」

この日、既に子どもたちは危機的な状態にあった。

それから一年半ほどたった二〇一二年一月、私は三重県四日市に芽衣さんの父親の斎藤祐太さんを訪ねた。祐太さんは次のように語った。

「検察では亡くなる前の子どもたちの写真を見せられましたが、目は死んだ魚のようで、芽衣が小学校に入ったばかりの頃、実母に放置され、私に助けを求めたときの顔にそっくりでした」

実は、六歳のころの芽衣さん自身が、このときの子どもたちと同じような顔つきで、過ごしていたのだ。

幼い子どもたちの姿を目の当たりにしていた芽衣さんの恋人の滝田さんの調書には「プレゼントもケーキもない誕生日だ、冷たい母親だと思った」と書かれていた。だが、滝田さんは子どもたちの様子に異変や不安は感じなかったのだろうか。通報などは思いもよらないことだったのだろうか。

子どもたちが他者の目に触れたのは、これが最後だった。

芽衣さんはこの日のことを法廷で次のように証言している。

「三歳の(誕生日の)とき、二歳の誕生日は、私と照夫さんの離婚の話が出て、つらい思いをさせて、その前の一歳の誕生日には、皆で桜子の好きなキャラクターのケーキを頼んで、お祝いをして、本当はそんな誕生日をしたかったのに。その前の年も、三歳の誕生日もつらい思いばっかりさせて、もうそんな状態もすごく嫌でした」

　芽衣さんは深い自己嫌悪の中にいた。

## †五月十八日　戸外に響く激しい泣き声

　この時期、芽衣さんは別の男性と関係を作り始めていた。四月二十三日、芽衣さんは、寮近くの若者の人気スポット、アメリカ村のクラブでお茶を飲んでいた時に、近くの美容室の店長、山本有二さん（仮名）に声をかけられた。芽衣さんは、笑顔がかわいく、愛想がよかったと山本さんの調書にある。北新地のホステスだと思っていた。子どもが部屋で泣き叫んでいる。しかし芽衣さんはとびきりの笑顔を男に向ける。笑顔は彼女の生き延びるための最大の武器だ。

　五月十日頃からは毎日のように会った。しばしば山本さんのマンションにも行った。ただし体の関係はなかった。山本さんは自分はゲイだと告げた。芽衣さんがそのまま家に居着いてしまいそうな不安があり、深い関係になることを避けるためだった。芽衣さんは山本さんに、最後まで、自分に子どもがいるとは話さなかった。

五月十八日の早朝、風俗店の寮のマンションでは、女の子の泣き声は絞り出すようで、いつになく激しかった。十分程泣き叫び、少し休み、また、十分程激しく泣き続ける。その尋常ではない声に混じり、か細い泣き声も聞こえる。子どもをなだめる大人の声はやはり聞こえなかった。

ベランダ側から聞こえる声に、以前通報した女性は「怖くなった」と供述している。

午前五時三十分、この女性からこども相談センターの児童虐待ホットラインに通報が入った。マンションの三〇三号室で、今、子どもが泣いているという。電話に出たのは宿直の職員だった。

女性はこのときも、自分の名前は名乗らなかった。

さらに、その一分後に、大阪府警にも匿名の女性から、近くのマンションで、子どもが激しく泣いているという通報が届いている。だが女性が告げたのは、別のマンションだった。

いずれにしろ、この情報はこども相談センターと大阪府警で共有されなかった。

この日、こども相談センターの担当者が実際に動き出したのは、始業時間になってからだ。西区の子育て支援室に連絡を取り、新たな住民登録はないかと尋ねたが、ないということだった。

午後三時三十分、こども相談センターの職員二人が芽衣さんのマンションを訪ねた。玄関扉の前でインターホンを鳴らしたが、応答はない。住民の出入りに合わせて建物に入った。三〇三号室のチャイムを五回鳴らしたが、静まり返ったままだ。職員の一人がドアに耳を押し当てたが何も聞こえない。異臭もなかった。今回は、部屋の玄関の新聞受けに不在箋を入れた。

マンションの外に出て、裏に回り自転車置き場から三階ベランダを見上げた。変わったところはなかった。

報道によれば、この不在箋は、子どもが遺体で発見されたとき、キッチンに置かれていた。

法廷では、芽衣さんはこの不在箋を受けて、こども相談センターに電話をしたと証言している。

「確か休日か何かの日で、電話をしたら長い間出なくて、出たら男の人で、何かしゃべったときに、何となく私の方が電話を切ってしまって、それっきりです」

なぜ、男の人が出て電話を切ったのか、芽衣さんは説明する言葉を持たない。もちろん、こども相談センターには記録はない。

## †こども相談センターは「野戦病院」

ところでこの日、通報があったとき、なぜ、こども相談センターの職員は現場に急行しなかったのか。泣いている声を確認できれば子どもたちの命は救えたのではないか。

前出のこども相談センターの副所長は言う。

「夜勤の職員は一人。現場には、他の職員に連絡を取り自宅からタクシーで行ってもらうしかない。到着までに一、二時間はかかる。それなら業務時間の開始を待って、対応したほうが人手もある」

夜、こども相談センターが動き出すのは、よほどの危機を感知したときだ。

そして、事務所が開けば、現場は「野戦病院」と化していた。

「病院から精神錯乱のため救急車で入院したお母さんが出産して、子どもを連れて今すぐ帰ると言っていると連絡が入る。同時進行で学校からは五人兄弟の末っ子が親に殴られて大けがをして登校してきた、どうやって保護するか、といった重大な事案が入ってくる。

ところが、あの事件では情報は子どもが泣いているということだけです。しかも私たちには本当に親子が住んでいるかさえ確信がない。どうしても、目の前で現実に起きていることの方に頭がいってしまうんです」

大阪市で二十四時間態勢の虐待ホットラインが作られたのは、前年二〇〇九年四月に西淀川区で起きた虐待死事件がきっかけだった。小学校四年生の女の子が母親の同居人の男性から激しい暴力やネグレクトを受け、ベランダに放置されて死亡、奈良県奈良市の山中の墓地に埋められた。死体遺棄は母親と同居の男性、その知人男性の三人が行った。このとき、学校や近隣住民はこの少女が虐待を受けていることは知っていたが、児童相談所へは通報しなかった。

これをきっかけにホットラインが設置された結果、二〇〇八年に年間八七一件だった通告数は、二〇〇九年には一六〇六件に増えた。児童相談所は四十八時間以内に、その全ての通告に対して、子どもに会って無事を確認しなければならない。だが、それに見合うだけの職員は増員されなかった。

副所長は続ける。

「少し前までは、センターのトップは職場全体で何が起きているかを把握して、一つひとつの事例でスーパーバイズができました。でも、この事件当時は通告の数が多すぎて受理会議さえ開けなかった。通報があっても職員同士で適切な対応を話し合うことさえできないんです。住宅の管理会社経由で居住者を特定するべきだったと言われますが、部屋の所有者が誰かを尋ねるにしても、そこで虐待が行われているという確信がなければ難しいです」

子どもたちが無惨な姿で発見された後、センターは、激しい批判にさらされた。なぜ、立入り検査をしなかったのか。なぜ、警察や地元の民生児童委員などの外部との連携を取らなかったのか。なぜ、管理会社から踏み込んだ情報を取らなかったのか。何度も接触に失敗したのなら、なぜ、別の手段を使わなかったのか。

「直後には一日に約千件の抗議がありました。電話やメール、直接訪ねてくる人もいました。マスコミに流れた写真に載っている幼児の表情が可愛らしく、それを見たお年寄りが自分の孫と重ねて、心を痛めて手紙を送ってくることもありました」（副所長）

事件発覚直後の八月七日からは、消防署と連携して、泣き声通報があった場合、まず、消防士が十分から十五分で現地に向かうことになった。続いてセンターの職員が三十分以内に到着する。当初は、所轄内で夜中に泣き声通報があると、消防車がサイレンを鳴らして駆けつけるという一幕もあった。その後、消防士が音を出さずにワンボックスカーで、子どもの泣き声先に向かうようになった。

さらに、通報があった場合には、徹底的に聞き込みをすると決められた。百世帯が住むマンションで、泣き声の聞こえる部屋が特定できない場合、しらみつぶしにその主を探す。

「このままいけば、子どもが泣いたら、通報されるからと子どもの口を押さえる母親が出てくるかもしれない。でも、そこまでしないと許してもらえないんです」

半ば、諦めるかのように副所長は言った。

きちんと役割を果たしているか、というチェックの目が児童相談所を追い立てる。「子どもはちゃんと育てているか」という視線が、母親を追い詰める。

大阪市では一連の改革にもかかわらず、二〇一一年三月に大阪市城東区で三歳の男の子が実母とその内縁の夫にポリ袋に入れられて放置され死亡。八月には西淀川区で七歳の男の子が実母と義父の暴行により死亡している。私たちの社会は未だに子どもたちの虐待死から逃れることができない。

## †SNSに描かれる「夢の世界」

この時期、芽衣さんは、SNSで日記を書いている。二度目の通報の前日、四月七日付けには髪を黒く染め、フワフワになるようにカットし、きっちりとメイクをした顔写真を載せた。真っ赤なマニュキアを塗った指で、Vサインを出して決めている。

そして「明るいほうがいいかなー　黒いほうがいいかなー　どうどうー？」と感想を聞く。撮影のためのヘアメイクだとさりげなく自慢する。風俗嬢としての撮影だとは、もちろん書かない。

そこに「清楚なかんぢでえぇよ」「黒のが似合っとるぞ」というコメントがつく。どれほど嬉しかったか。

おしゃれは、楽しみや自己表現というよりも、見せたくない自身の秘密を隠し、人々の承認を得て、世の中に居場所を手に入れる手段だ。この世に生き残るには、われわれはイケてなければならない。

次に日記が書かれるのが五月二十一日。三回目の通報があった三日後だ。芽衣さんは一カ月後に迫ったサッカーのワールドカップについて、知り合いの店で「熱く討論してきました」と書く。そして、「日本人として愛国心が湧くよね」「とりあえずW杯がまんもすたのしみーってこと」と結んでいる。

サッカーのワールドカップでの「愛国主義」は、他者同士がつながりやすいテーマだ。

自分自身を語れなくても、安心して口にできる。

この投稿に、四日市の友人たちが反応する。

「まんもすわちょっぴり時代をかんぢるぞ〜……」「撮影したのっうちもみたい」そのコメントに芽衣さんは会いたい、今月帰ると書き込みをする。

この時期、芽衣さんは恋人関係にあった滝田さんから五十万円を請求され、追い詰められていた。だがその事実は誰にも伝えない。現実的に感じているはずのリアルな苦しさや、不安、恐怖は書かない。孤独は深まる。言葉にされない不安と恐怖は芽衣さんの無意識を苛《さいな》む。さらに芽衣さんは逃げなければならない。

この日、さらに関東地方で過ごした高校時代に下宿をしていた担任の先生の母親に誕生日を祝うメールを送った。

「つらいときもたくさんあるけれど、子どもの顔を見るとママとして頑張らなきゃって思う」

だが、実際には、子どもたちは痩せ衰え、うつろな表情で過ごしていた。

二〇〇九年十一月にSNSを新たに始めた時、芽衣さんは子どもたちの写真をアップした。自分は子どもとこんなに楽しい時間を持っている。子どもたちはこんなに立派に育っている。芽衣さんは精一杯アピールした。

だが、ある時期、SNSの芽衣さんのブログの日記から子どもの写真が全て消えた。代わりに登場したのが五月二十七日から顔を出すZ氏だ。

ほそおもてのお洒落な男性で、芽衣さんは新しい恋人だと紹介した。韓流スターの写真と並べ、似ていることをアピールする。アパレル関係の仕事をしていて、パリや中国、東京に出張に行く。しかも芽衣さんに惚れている。誰にでも自慢できる恋人だ。

Z氏の傍らでVサインを出す芽衣さん。セックスの後のような半裸ののんびりしたZ氏。顔を寄せる二人、夜の公園で二人で子ども用のブランコに乗った話など。写真の芽衣さん自身はいつもフルメイクだ。

四日市の仲間たちが「超たのしそう」「男前、紹介して」など、絵文字を使ってもり立てる。「早く帰省せよ」「早く帰ってこい」とコメントを送る。

芽衣さんが恋人の部屋に行き、そこで過ごすのは、六月一日。翌日も恋人と過ごす。三日にその様子をSNSにあげている。

ドライブをして車酔いをしたこと。車を降りたら「ゲロ吐きそう」だったが、「優しいだーりんはおんぶをしてくれたの」とハートマークとともに書く。その姿を見て、周囲にいた若いカップルがひそひそと話していた……。夜景は美しく、隣の彼は「韓国俳優」のようにハンサムだ。

絵に描いたような恋人同士を描き出し、「イケる?」と書く。

彼といれば悩みは吹き飛び、安心できる。幸せだ。そう芽衣さんは書くのだ。

絵に描いたように優しくハンサムな彼がいて自分に惚れている。それは芽衣さんの求める夢の世界だ。

### †仮装した自己で人間関係をつくろう

この日、身の回りのものが入ったバッグをもって滝田さんの家を出た。金は返せない。電話もメールも住所も教えなかった。切羽詰まった滝田さんは、芽衣さんの父親の祐太さんに電話を掛け、借金を払うようにと話す。

父親は知人に相談した上で、電話を無視した。

滝田さんの家を出た芽衣さんは、山本さんの家に居場所を確保した。

その後、いったん子どもたちのいる部屋に立ち寄り、食事を残し、それから一年ぶりに四日市時代の友達に会いに帰った。

その日の夜、芽衣さんは素敵な恋人を獲得した、おしゃれな女性として、四日市のママ友や中学時代の仲間と再会する。妹に会うのも久しぶりだ。

SNSに、六月三日付のプリクラが投稿される。一緒に写っているのは妹やシングルマザー仲間だ。戸惑い顔の妹の横で、思い切りはしゃいでみせる芽衣さんがいる。

四日市の近鉄の駅に近い雑居ビルに入ったスナックにも顔を出した。中学時代の非行仲間で、ママ友でもあった真理ちゃん（仮名）を指名して、テーブル席で飲む。

子どもはどうしたのかと聞かれ、ストーカー被害に遭っているので、おばあちゃんの家に預けてきたと答えた。ストーカーとはホストの滝田さんだろう。

別のママ友数人とは、市内の居酒屋で会った。マスターに北新地のクラブで働いていると自己紹介し、ここでも子どもは大阪の祖母に預けていると語った。あおいちゃんと一緒に撮ったプリクラを見せる。明るく、人見知りをせず、テンションが高かった。仮装した自己であれば人見知りをする必要はない。

SNS上の写真では、三日から五日まで同じ服装をしている。三日間も大阪を離れるつもりはなかったのか。

もっとも大阪に戻ってから、すぐ、子どもたちの元に行ったわけではない。六日以降は恋人のZさんと過ごした。時々山本さんの家にも戻る。自分を探す滝田さんから身を守りたかったのか。

滝田さんが芽衣さんの父親にまで電話をしていたことを考えれば、その追及が激しかったことが想像される。五十万円は、滝田さんにとって大金であろう。芽衣さんはこの時期、滝田さんの追及から逃げ歩いていた。

### †六月九日　子どもに最後の食事を与える

この頃、家がない芽衣さんに利用されているのではないかと考えた山本さんは「出て行ってくれ」と言いだした。芽衣さんは好きだからと甘えてみせる。

住む場所を失った女性たちが偶然、知り合った男性の家で過ごす。それは決して珍しいことではない。

山本さんとの間に、肉体関係はなかった。公判で松原弁護士から男女の関係がないのに、なぜ、一緒にいたのかと問われて芽衣さんは、「彼と一緒にいて、つらいことがなかったから。そういう行為をしなくてよかったから」と答えている。

性はなければない方がよかった。取り調べでも心理鑑定でも芽衣さんは、一貫してそう語り続けた。性は生き延びるための通行手形だった。

芽衣さんは六月九日に山本さんの美容室で髪を切った。その足で、コンビニに行き、子どもたちの食事を買う。ジュース、おにぎり、蒸しパン、手巻き寿司をそれぞれ一つずつ。子どもたちには、一週間ぶりの食事として足りるのか。果たして、衰弱した身体はこのような食事を受け付けるのか。万が一また家を空けるとして、何日分の食料を買えばいいのか。そんなことをじっくり考えたとは思えない食品の選び方だ。機械的に食べ物を買う。芽衣さんにはそれしかできない。

部屋の鍵を開けると、玄関からリビングに向かう扉に貼られたガムテープをはがす。百円ショップで買った南京錠も外した。

部屋の扉を開けるとコンビニ弁当やカップ麺の容器、スナック菓子、パンなどの包装類など、ゴミが部屋中に散乱していた。ベランダもゴミであふれている。強い臭いが鼻を突いたはずだ。だが、芽衣さんはどこまでそのことに気がついていたのか。

この日の最低気温十九・三度、最高気温二十七・八度。エアコンはつけなかった。ベランダ側の窓を五センチほど開けた。

芽衣さんは淡々と子どもたちの傍らに、買ってきた食べものとジュースを置き、袋を破り、ジュースのパックにストローを刺した。あのあおいちゃんの誕生日の、携帯に残された激しく面変わりをした写真から既に二十四日。直近の十日間は放置され、一度も手を掛けられていない。衰弱しきっていた子どもたちにこのような食事を置いていく。顔つきはさらに変わり、痩せ方も際立っていたのではないか。

## †彼女に殺意はあったのか

この時芽衣さんには子どものリアルな姿は見えていたのか。

もしリアルな子どもたちが見えていたとして、殺意があったのか。殺意があったとしたら、なぜ、食べ物を子どもたちが食べやすい形でその場に残す必要があるのか。放置すれば死ぬことだって理解できるだろう。遠くに逃げ出せばいい。だが、芽衣さんは大阪から逃げ出さない。

裁判では、辺りを少し片付けたと証言している。さらに、子どもたちはいつもと同じように儀式のように両手を高くあげてハイタッチをして、バイバイと見送ってくれたと話す。だが、客観的に考えて幼子たちに手をあげる力が残っていたのか。

一審裁判の判決文は、「敢えて虚偽の事実を述べているとまではいえないが、衰弱したあおいらから目を背けたいという気持ちから、あおいらが元気であった頃の過去の記憶と当時の記憶とを入れ替えている可能性が高い」とした。

つまり、裁判所はこの時の芽衣さんが記憶を正常に保っておけない状態であったことは認めている。

子どもたちの元を離れる時、室内の冷蔵庫は空だった。リビングから玄関に向かう扉の外側から古い粘着テープを上下二ヵ所、水平に貼り直した。いつもどおり、南京錠も掛ける。子どもたちは外に出てはならない。だが、衰弱しきった子どもは外に出歩くことができるのか。そのように芽衣さんが考えたとしたら、それは既に認知が大きく歪んでいるとしかいいようがない。それが「殺意」なのか。

これが、芽衣さんが生きている子どもたちの姿を見た最後だった。

法廷で争われたのはこの日、寮を去る芽衣さんに、殺意が認められるか否かであった。

法廷で弁護士が尋ねる。

「六月九日に、二食分の食事をあげましたね？」

「戻らないとは全然考えていませんでした。二人はいつもみたいに私に手を振ってくれて、バイバイをしてくれました」

「それが最後になるとは、考えなかったのですか？」

そう、松原弁護士に尋ねられると、芽衣さんは静かに涙を流した。

「一般的には、食事を食べないと死んでしまうことはわかりますね」

芽衣さんは、うなずいた。

一方、検察官の質問には次のように答えている。

「(六月九日に) 子どもがぐったりしているのを見て、そういうのが嫌で、部屋から逃げ出したのではないですか」

「ぐったりはしていませんでした。いつもと一緒でした。逃げ出したことは本当です」

裁判官には次のように答えた。

「(私のいたところから、子どもたちの部屋までは) 戻れる距離なのに、どうして戻らなかったのか疑問です。でも、それは私にもわからないです」

逃げ出すのでなければ、誰かに助けを求めるしかない。芽衣さんが六月以降、助けを求めたのは男性たちだ。自分の容姿や性的な能力と引き換えだった。そして、その男性たちには、自分に子どもがいることは伝えなかった。子どもがいたら、自分を高く売ることはできない。

## †六月十二日　W杯をテレビ観戦

このころ、結婚していた当時のママ友から、用事があって三重県から大阪に子連れで来るという連絡があった。このときママ友は芽衣さんの家を訪ね、子どもたち同士を遊ばせるつもりだった。だが、待ち合わせの場所に来たのは、芽衣さん一人だった。あおいちゃんと環君はおばあちゃんの家に預けているという。そう語る芽衣さんの表情は明るかった。

ママ友は事件発覚後、「あの時、無理矢理家に押しかけていればよかった」と悔やんだ。

六月十日昼前、芽衣さんは「わたしはだめおんな」というブログをアップしている。そこで、自分がストーカーに遭っていると告白する。「避けて避けてきたのに〜　昨日遭遇してしまい〜　ちょっとした修羅場でした〜　ほんま参りました〜」と。

ストーカーとはホストクラブの支払いを求める滝田氏のことか。金の支払いを厳しく求められ、「避けて避けていた」ので、子どもたちの家に立ち寄れなかったのか。滝田さんと遭遇して、何が起きたのか。

日記はさらに続く。恋人のZ氏とうまくいっていないと思っていたこと。「モウイイワ」という気持ちだったが、勘違いだったこと。「少しでも疑ったわたしはだめおんな」だったという。

幸せいっぱいのはずの恋に陰りがあること、でも、それは自分の勘違いかもしれないことなどの思いが綴られる。

恋人のZ氏と過ごした後、芽衣さんは美容師の山本さんの部屋に戻る。そして、ストーカー騒ぎについて、「美容室でお世話になっているオダジョーと語り明かして、警察ニイコウってなりました」と報告する。

山本さんは俳優のオダギリジョーに似ていると芽衣さんは考えていた。この時期、山本さんが芽衣さんの相談相手だった。

六月十二日。恋人に「そばにいてね」と訴え、未来を夢見る日記が書かれる。「年を重ねてあなたと一緒に空を見上げるとき、すごく幸せなの、ああ、また涙が出る」

想定する恋人はZ氏か。生き延びるために安心できる居場所を求め続ける。

ブログによれば、十六日、Z氏は、芽衣さんよりも新しく手に入れたｉＰｈｏｎｅに夢中だった。芽衣さんはZ氏よりもサッカーのW杯が大事だから家に帰ったと書く。この日はスペイン対ホンジュラス戦だった。家とは、山本さんの部屋か。

この書き込みに中学時代の同級生の男性が「お前そんなにサッカーに興味あったんや」

とコメントを書く。中学時代の女友達は「あおい環元気?」と書いた。「ちょー元気だよ。今はストーカーのせいで夜は離ればなれやけど」と返事をする。

弱りきった子どもを部屋に残して、さらに一週間が過ぎていた。

## †六月二十五日　子どもの泣き声が途絶える

五月十八日に通報した女性は、その後も子どもたちの声を気にしていた。法廷で読み上げられた彼女の調書に次のようにある。「泣き声は一切なくなったわけではなかった。ただ、ぎゃーぎゃーではなくなり、エーン、エーンというものに変わっていた。そうでなければ、インターホンの受話器を口元に当てて、ぼそぼそとしゃべった。何を話しているのかは全く理解できなかった。やがてその回数はずっと少なくなった。六月に入ってからは、週に二、三回になった。状況が改善されているのだと思っていた。六月二十日の夜を最後に子どもの泣き声は聞こえなくなった」

同じ階の別の居住者は、警察の事情聴取で、「毎日泣き声を聞いていたが、最後に聞いたのは六月二十五日だった」と証言している。友達とメールのやりとりをした記録から割り出した。

## †六月十八日　四日市の旧友と遊ぶ

六月十八日、芽衣さんは再び四日市へ行く。

この日、中学時代の非行仲間の男性の西村勉さん（仮名）は、SNSを通じて芽衣さんから「私、わかる？」とメッセージを受け取った。勉さんは市内でダイニングバーを始めたばかりだった。「店をやっているんだ」と返信すると、すぐに芽衣さんが、ママ友の智子さん（仮名）と一緒に赤いヴィッツで店に来た。大阪に子ども連れで遊びに行った女性だ。

勉さんは、芽衣さんが中学を卒業し、関東の高校に進学したとき以来、会っていなかった。連絡を取りあったのも、芽衣さんが結婚したときにSNSで報告を受けて以来だ。

芽衣さんは、流行のストローハットを被り、輝くような栗色の髪を背中に流し、目を強調したフルメイクをして、横縞柄のTシャツにジーンズの短パンをはいていた。同じように髪の長い智子さんもアイメイクを強調し、ワンピースを着ていた。智子さんは子どもを抱えて夜の仕事をしていた。二人が店に来たとき、日付は十九日に変わっていた。

勉さんの店は、市内の繁華街から電車で四駅ほどのところの海に近い住宅地にあった。

大きなマンションの一階で、隣はブラジル人教会だ。近くには、地元の自動車部品工場などで働く日系ブラジル人が大勢暮らす団地があった。

ガラス張りの扉の店は昼間は母親が喫茶店として経営し、夜は勉さんが一人で切り盛りする小さなダイニングバーになる。若いマスターの勉さんは、お洒落にアレンジした髪に手をやりながら、人なつこい笑顔を見せた。

芽衣さんはその日、勉さんに、「自分は大阪にいて夜の仕事をしている。実家に置いてある車を取りに来た」と言った。

勉さんは芽衣さんはキャバクラで働いているのだろうと思ったが、特に確かめなかった。さらに、後からわかったことだが、赤のヴィッツは妹の車だった。

「芽衣はいつも自分を少しだけ大きく見せる。中学時代から嘘をつくので、有名でした。ただ、人を陥れるような嘘ではなかった。自分を盛る嘘ですけどね」

勉さんには、芽衣さんが嘘をつくことを当たり前に思っていた。事実を確かめ合うという習慣は昔から持たない。

久しぶりに会った芽衣さんはずいぶん変わって見えた。以前よりもテンションが高い。

「店にいた僕の友達とは初対面だったんですが、いきなり「ジャニーズのＮＥＷＳにおりそうやな」とか絡みにいったので驚きました。周りにそんなやつはいませんよ。東京の学校に行って、名古屋や大阪で暮らすとそういうふうに誰にでも親しげに話を振るようになるのかなと思いました」

子どもたちはどうしたのかと尋ねると、「ストーカーに遭っているので、大阪のおばあちゃんの家に預けてきた」と答える。嘘だと思ったが、何も言わなかった。

「僕は否定したり、断ったりすることが苦手なんです」

芽衣さんの周囲では、誰も踏み込んで尋ねない。

夜明け頃、二人はいったん帰ったが、すぐに芽衣さんが一人で戻って来た。

六時になったので店を閉め、芽衣さんと友人一人と勉さんの三人で近くのマクドナルドに出掛けた。

芽衣さんはテンションの高いまま、一人で話し続けた。店を出たのは午前十時。車に乗り込むと、思いがけず芽衣さんは海に行きたいと言いだした。勉さんは、疲れていたが「眠いからまた今度」とは言えない。そこで昔の共通の友達を誘った。

「その子が行くなら行くと言いました。彼女は子どもが小さいし、行かないと言うと思っていました。それで電話をかけたら、察してくれてうまく断ってくれた。それで行かないですんだんです」

帰宅後、夜の仕事に備えて寝ている勉さんの元に、一時間ごとに芽衣さんから着信があった。いつ寝ているのだろうと思う。

芽衣さんはそれから逮捕されるまで、「断るのが苦手な」勉さんに毎日のように電話をしてきた。何度か四日市に戻り、その度にママ友と遊び、勉さんの店に顔を出した。裁判では、芽衣さんが子どもを置いて遊び回っていた間の性的な相手の一人として、勉さんの名前が挙がった。

**†六月十九日　心斎橋でW杯サッカー日本戦を観戦**

翌十九日午後八時半からの日本対オランダ戦は、大阪心斎橋にあるスポーツバーで仲間と観戦している写真をSNSにアップしている。さらに、二十五日未明のトーナメント出場を決めた対デンマーク戦、二十九日午後十一時からのトーナメント第一回戦、対パラグアイ戦について、仲間たちと日本チームの青いユニホームを着て、頬には日の丸に大和魂の文字を入れ、はしゃぐ姿の写真を載せた。

プチ国粋主義になれば、スポーツバーで知り合った人たちと簡単につながれる。

六月下旬、サッカーの応援で知り合った、田中達也さん（仮名）と行動を共にし始める。サッカーの観戦をし、奈良公園へドライブにも行く。芽衣さんは明るく陽気だったと田中さんは調書に残している。

芽衣さんは誰に対してもノーということなく、求められるままにセックスをした。田中さんにも子どもがいるとは話していない。

七月十九日には、田中さんも含め大阪のクラブで知り合った人たちと海に行き、はしゃぐ自身の写真をSNSにあげた。そのようにして自分を自分で確かめていたかのようだ。

法廷での松原弁護士とのやりとりには、こんな言葉がある。

「（放置した時間が）五十日間続きますが、頭に浮かぶことはありませんでしたか」

「うまく説明できないけど、考えが浮ばないわけではないから、でも、それを何か上から塗りつぶすみたいな感覚でした」

「子どもたちがいなくなってほしいという感覚はありませんでしたか」

「ありませんでした。（略）子どものことが思い浮かんでも、考えるのを避けるような状態でした」

一方、検察とのやりとりは次のようだった。

検察「このままではいけないという気持ちはありましたか」
芽衣さん「ありました」
検察「一人で二人の子どもを見るのがしんどいという気持ちはありましたか」
芽衣さん「わからないです」
検察「このままではいけないという気持ちと、子育てを一人でこなしていくことへの葛藤はありましたか」
芽衣さん「当時はどう思っていたかわからないです」
検察「考えるのが嫌だという気持ちはありましたか」
芽衣さん「ありました」
検察「離婚しなければ良かったという気持ちはありましたか」
芽衣さん「ありました。離婚しなければ良かったとは思っていました。離婚しなければ良かった。二人を引き取らなければ良かった。そんな風に考えていたかもわからない」
検察「（寮にもどらず）滝田さんの家に長くいたのは、現実に直面したくなくて逃げ出していたためだということはありましたか」
芽衣さん「あったと思います」

記憶は曖昧だ。聞きようによってはごまかしているかのようにも取れるのかもしれない。だが、私には、これは芽衣さんの精一杯の正直な証言に思える。

松原弁護士は、関東地方で過ごした高校時代の顔見知りだった。芽衣さんの気持ちに配慮して、丁寧に事実を聞き取ってきた。

一審公判で、松原弁護士は「芽衣さんとは法廷ではできるだけ正直に気持ちを話そう。その気持ちが現在のことなのか、事件当時のことなのか分けて話そうと話し合って、裁判に臨んだ」と述べた。

## †七月二十九日　マンションの自室に戻る

芽衣さんは大阪と四日市の移動を繰り返し、それぞれ仲間たちと過ごす。その移動距離は片道一七〇キロ近い。子どもたちを捨て去りたいのであれば、住民票を移していない大阪から離れることはそれほど難しいことではなかったはずだ。だが、芽衣さんは必ず大阪に戻っていく。母親である自分を切り捨ててしまうことはできない。

七月中旬、四日市で、仲間同士で車を連ねて市内の洗車場に行った。芽衣さんは乗り回していた赤いヴィッツを勉さんの店先に置いて、他の仲間の車に同乗した。洗車が終わると、芽衣さんが「ねえ、ドンキ（ホーテ）行かへん」と誘った。

「ええよ、亜梨沙も誘おう」と勉さんは応じた。亜梨沙さん（仮名）とは芽衣さんの一歳上で、中学時代、行動を共にしていた。環ちゃんと同じ年齢の息子を抱え、シングルマザーとして夜の仕事をしていたこともある。

しばらく待っていると、亜梨沙さんが息子を同乗させて、車で到着した。それまで高いテンションでおしゃべりをしていた芽衣さんは、亜梨沙さんがチャイルドシートから幼い息子を抱き上げた姿を目にすると、黙りこくってしまった。ドンキホーテに着くと、しばらく店内を皆のあとをぶらぶらとついて歩いていたが、「わたし、帰る」というと、一人で帰っていった。

芽衣さんが大阪で、最後に風俗嬢として仕事をしたのは七月二十四日だ。それから四日後、二十八日夕方五時半ごろ、この日の朝方に撮った朝焼けの空の写真がＳＮＳにアップされ、「元気ですか」という言葉が添えられていた。

七月二十九日、大阪は二週間続いたかんかん照りの猛暑がいったん収まり、涼しい雨の一日だった。

午後遅く、芽衣さんの携帯が鳴った。勤め先の「クラブＲ」の従業員で芽衣さんの上司の三田村さんからだった。寮の管理人から会社に電話があり、部屋から臭いがすると苦情を言われたという。部屋を見せてほしいというのだ。

「待って、片付けるから」

電話を受けて間もなく、芽衣さんはタクシーで子どもたちを残してきたマンションの前まで行った。その様子が、マンションのカメラに映っている。だが、玄関のドアには入らず、引き返す。そのまま山本さんのアパートに戻った。

この日、芽衣さんは山本さんの部屋で泣いていた。山本さんが理由を尋ねると「東京の友達が死んだ」と言う。

午後六時三十六分に、芽衣さんから田中さんにメールが届く。

「東京の友達が死んだ」と書かれている。さらに七時には電話があった。やはり東京の友達が死んだという。

夜八時二十三分、マンションの防犯カメラは芽衣さんが寮のあるマンションにタクシーで乗り着ける姿を映している。オートロックを開けてマンションに入り、エレベーターを待つ。二分半ほどして、非常階段から降りて来た。八時二十七分二十四秒、マンションの玄関を開けて、出て行く姿を映し出す。

芽衣さんはこの時、土足でゴミまみれの部屋に上がり、腐敗し、一部、白骨化した二人を見た。そのリアルを受け止める力はない。

**†危機の中で彼女は何を考えたのか**

同じ頃、四日市の店にいた勉さんの携帯電話が鳴った。勉さんは、翌日の地元の祭りの仕込みのために、昼間、同じ店で喫茶店を営業する母親とともに、多忙をきわめていた。手が離せない、だが、携帯は繰り返し鳴る。母に声を掛けられ、手に取った。芽衣さんは言った。

「大事な友達を亡くした。今までに大事な人を亡くしたことがないから、その悲しみをどうしたらいいかわからない」

「彼氏のZさんには言ったの?」

と勉さんが聞く。SNS上では、芽衣さんの恋人はZさんということになっていた。勉さん自身、芽衣さんからもZさんが彼氏だと聞かされていた。

「電話をしたけれど、仕事で忙しいからまた掛けると言われた」

と芽衣さんは答えた。それから三十分間、芽衣さんは一方的にしゃべり続けた。たわいのない内容だった。勉さんは、時計を気にしながら、あいづちをうつ。言葉の切れ目に、「こっちに来ることがあったら、電話してよ。直接会って話そう」と言葉を差し挟み、かろうじて電話を切った。

夜の九時頃、高校時代の恩師の携帯が鳴った。芽衣さんからの電話が珍しいと思い、出てみると「すごく大事な人をなくしてしまった。どうしたらいいでしょうか」と言う。異様に冷静な口ぶりだった。「大事な人が亡くなったのになぜこんなに冷静なのだろうか」と少し気持ちが悪かった。

「そうか、悲しいことがあったんだな。でも、お前には子どもがいる。泣かずに送ってやろう。悲しみを乗り越えないといけない」と告げた。すると芽衣さんは、「雨が降ってきたので、コンビニで傘を買います。電話を切りますね」と言った。「何かあったら、必ず電話をよこせよ」と言って切った。

この期に及んで、助けを求める言葉がない。身に迫る危機を伝えるのに「友達が死んだ」との言葉が精一杯だ。

夜十時、風俗店の上司、三田村さんの元にメールが届く。

「子どもを死なせた」

十分後、今度は泣いている芽衣さんから電話があった。

「どうしたらいいかわからない。取り返しのつかないことをした。子どもが部屋で死んだかもしれない。三田村さん、愛している。もう遅いけれど」

芽衣さんが男性に助けを求める言葉は、「愛している」だ。

三田村さんはマンションまで行ってみた。三〇三号室の扉の前には生物が死んだような臭いが漂っていた。新聞受けを押し上げるとそこから強烈な臭いが流れ出してきた。

三田村さんは「今すぐ会えないか」とメールする。返事はない。さらに「自首するように。マンションの下にいる」とメールを送ったが、またもや返事はなかった。

夜、十一時頃、芽衣さんは豊中市大黒町のコンビニエンスストアの前で、待ち合わせていた田中さんと会う。芽衣さんが夕飯を食べていないというので、一緒に近くのうどん店に行った。芽衣さんは卵とじうどんを頼んだが、手は付けなかった。

三田村さんからさらに芽衣さんにメールが届く。「二人の最後は一緒にちゃんとしてあげよう」

芽衣さんからの返信は二本。

「本当に大切だった。命よりも大切だった。それなのに亡くしてしまった」

「ごめん、名古屋に向かおうと思っている。勝手なことをしてごめん」

十二時過ぎ、田中さんは芽衣さんを乗せて車で神戸三宮のメリケンパークに向かった。

その芽衣さんから、三田村さんにメールが届く。

「タクシーで今、神戸に向かっている」

メリケンパークで芽衣さんは観覧車が入るように携帯を掲げるとピースサインを出して、写真を撮った。芽衣さんは危機の中で、さらにはしゃごうとする。それしか生きる方法を知らない。

### †七月三十日　逮捕

日が変わって三十日午前一時十七分ごろ、三田村さんが一一〇番通報をした。

一時三十分、西府警本部の警察官が急行する。鍵が合わず、玄関が開かない。西府警本部が西消防署のレスキュー部隊に出動要請する。間もなく到着したレスキュー隊が三〇三号室の上の部屋を伝ってベランダから部屋に入る。ゴミの中に、変わり果てた子どもたちが全裸で折り重なって倒れていた。

三田村さんの携帯に芽衣さんから、「やっぱり私は死んだ方がいい」というメールが入る。

午前三時、三田村さんから芽衣さんへ「もう、通報した」とメールする。

午前三時四十五分、芽衣さんから「警察には何って言ったの?」

芽衣さんは、田中さんと三宮のホテルに向かい、そこでセックスする。

朝、六時半に大阪で田中さんと別れる。

八時八分、芽衣さんから三田村さんにメール。「十時に電話をする」

十時十二分「しんどくて、自分からは動けない」と芽衣さんのメール。

午前十二時。芽衣さんの携帯に警察から電話がある。居所を聞き、出頭を要請すると、「迎えに来てくれますか」と答えた。

芽衣さんは迎えに来てもらわなければ、帰り道がわからない。

午後一時二十五分、芽衣さんは待ち合わせ場所の大黒町のファミリーマートに現れる。白と黒のTシャツにGパン姿だった。

西警察だと告げられると、芽衣さんはうなずき、警察車両に乗り込んだ。

芽衣さんに殺意があり、子どもたちに死んでほしいと願っていたのなら、なぜ、寮の周辺で生活を続けていたのか。子どもたちが死んでいると確証があったとして、なぜ、部屋を見に行ったのか。

彼女の頭の中には、いつも、子どものことがあったことは間違いない。だが、現実の行動には結びつかない。それが、彼女の病理なのか。

### †心理鑑定者の見解――解離性障害の可能性

芽衣さんの心理鑑定を務め、弁護側の証人として出廷した山梨県立大学教授で臨床心理学を専門とする西澤哲《さとる》氏は、事件当時、芽衣さんは一種の自己催眠状態にあり、解離的認知操作という心理的対処の状態にあったとして、殺意はなかったと主張した。一方、大阪厚生年金病院の精神科医森裕氏は、被告人には犯行当時、解離性健忘、解離性障害等を含む精神疾患は認められず、何らかの意識障害もなかったとした。

両者の対決ともいえる状況のなかで、判決は森医師の考えを支持。六月九日の「事件当日」子どもたちを閉じこめて、家を出たときに、法律上の殺意はあったと認定した。未必の故意だというのだ。

解離性障害とはどのような障害か。

厚生労働省のホームページには次のようにある。

解離性障害は、自分が自分であるという感覚が失われている状態といえるでしょう。たとえば、ある出来事の記憶がすっぽり抜け落ちていたり、まるでカプセルの中にいるような感覚がして現実感がない、いつの間にか自分の知らない場所にいるなど、様々な症状があります。こうした中で、自分の中にいくつもの人格が現れるものを多重人格障害（解離性同一性障害）といいます。ある人格が現れているときには、別の人格のときの記憶がないことが多く、生活面での様々な支障が出てきます。これらの症状は、つらい体験を自分から切り離そうとするために起こる一種の防衛反応と考えられています。治療では、安心できる環境にすること、家族や周囲の人が病気について理解することがとても大切です。

重篤な虐待を受けたり、ネグレクトされるなど、困難な環境に育つ子どもたちに多い現象で、耐え難いつらさを自分自身の意識から切り離して、困難な時をやり過ごす。いわば、生き延びるための手段として解離という方法をとる。だが、思春期になり人格を統合し、自己を確立するべき時になると、生きるための困難が具現する。

治療には安心できる環境を整えること、家族など周囲の人の理解、主治医との信頼関係、とある。芽衣さんが置かれていた場には、ほど遠かった。

なぜ、臨床心理士の西澤氏と森医師との間に対立があるかのように見えるのか。

西澤さんに話を伺った。

「解離性障害と診断名がつくことと、解離性の病理が深いこととは別のことです。解離性障害の診断はカテゴリカルで、スペクトラムとして考えられます。芽衣さんの場合、確かに今ある解離性障害の診断基準に当てはめたら重いものには当てはまらない。一番重いのは解離性同一性障害、多重人格とも言われます。軽いのは離人症性障害で、芽衣さんの症状はそれに近いです。森さんの精神鑑定は、解離的な精神病理のカテゴリーとしては軽かったと言っているに過ぎません。芽衣さんは、診断名としては離人症性障害となる可能性が高いですが、しかし、その解離の病理は非常に深いものだと思います」

## †罪を負うべきは母親だけなのか

離人症の症状をもつあるティーンは、現実感の喪失は苦しいと私に言った。その苦しさを逃れたくてピアスをするという。ピアスは自己表現なんかではない。身体の痛みで生きている実感をかろうじて得るのだと彼女は言った。だが、傍らにいる私には、その苦しみは感じにくい。ミステリアスなパンク少女にしか見えない。

さらに症状が重くなれば、自殺念慮、自殺企図、実際の自殺も起きる。苦しみが起きる度に、別の自我に逃げることが習慣化する。自己統合に向けての治療は長く苦しいものになりやすい。

芽衣さんの解離的な病理について、西澤さんは次のように言う。

「誰しも多様な面はもっているが、ある程度、その人としてのまとまりがあり、安定性が保たれている。それが、彼女の場合、自己が統合されていなかった。本来成長の段階で、自己は親との関係、つまり最も重要な他者、保護的な養育を提供してくれる主要な大人との関係でまとまっていきます。しかし、重要な人との関係が薄いと、自分の要素がまとまりきらなくなる。芽衣さんは嘘つきだとか、コロコロ変わるとか言われているけれど、それは彼女の病理であって、意図的なものではない。しかし一般の人からはこずるいと見えるのではないでしょうか。

それは彼女自身の生き方、あるいは自己のあり方だが、自分の意思で選んでいるわけではない。保護的な養育を提供してくれる大人がいなかったのは、彼女の責任ではないのです」

――六月九日の前、しばらく家に帰らないことがありました。ホストクラブ代金の約五十万円が払えず、別の恋人を作って逃げていたわけですが。

西澤「苦しい日常から、ホストクラブや恋愛とか、ファンタジックな世界に逃げていた。ところが、ホストクラブの代金が払えなかったことで、お金を通じて逃避した世界にリアルな原則が入っていく。そこで逃避に拍車がかかった可能性はあります。彼女の視点からいえば、逃避先の世界でも追及され、迫害されているわけです。それでさらにファンタジックな世界に逃避する。夢から夢へ、「夢中夢」ですね。何段階も現実から遠ざかり、夢の奥に逃げていく。だから覚める時も、いろいろな段階を越えていかないといけない。一気に覚めるわけにはいかなかったのではと思います」

芽衣さんの生育歴とはどのようなものだったのだろうか。

第二章

# 父の物語

## †新旧が継ぎはぎされた町

芽衣さんが生まれ育った四日市市は、名古屋市から近鉄線の急行で三十分あまり。名古屋市のベッドタウンでもある。

日本初のコンビナートがあるこの町は、駅前から海に向けて、交通量を確保するため、片側三車線の広々とした道路が通る。海岸には大きなダクトが剝き出しになった工場群が林立し、夜景の人気スポットだ。さらに、巨大な石油タンク、石炭置き場、輸出用の自動車が並べられた広場などの巨大施設が続く。

駅の周辺には歓楽街が広がり、夜になれば客引きの女性たちが、通行人に声を掛ける。言葉のなまりやたたずまいから外国人女性たちだと知れる。今なお、この町には新たに人が流入してくるのだ。

駅から続くバス道路は、広くまっすぐだ。だが、それは内陸に向かうにしたがって曲がりくねった田舎道へと姿を変える。手入れされた水田や畑が広がり、広い庭に納屋をもつ家が点在する。広々とした伊勢平野の一角にその家はあった。バスを下りて振り返り、畑や住宅地のさらに向こうに目をやれば、海岸線の辺りで赤としろの横縞模様の数本の高い煙突が白い水蒸気か煙を吐いている。四日市コンビナートの工場群だ。

四日市市は、新しさと古さが継ぎはぎされた町だ。

古くから天然の良港に恵まれ、安土桃山時代には回船業が発達した。農業と漁業が盛んな豊かな土地だった。江戸時代には幕府の天領（直轄地）となり、東海道五十三次の四十三番目の宿場として栄えた。

明治維新後、港は整備され、特別輸出港指定を受けて、国外との行き来が盛んになる。近代化が急速に進んだ。

第二次世界大戦中には海軍へのエネルギーの補給基地として第二海軍燃料廠が造られた。この軍施設が狙われ、一九四五年六月十八日に、四日市はB29の空襲を受け、市街地の大半が廃墟となった。

戦後、燃料廠跡地は三菱資本に払い下げられた。その土地に、石炭から石油へのエネルギー革命を先取りする形で、日本初の石油コンビナートが造られた。今も、海外からのタンカーが停泊するシーバースが設けられた四日市港は原油の供給基地だ。

同市は工業都市、商業都市として発展してきた。

芽衣さんの父親の祐太さんがラグビー部を率いて勤務する県立農業高校、F校の元化学の教師で、その後共産党の県会議員に転じた萩原量吉さんはコンビナートの成り立ちについて次のように言う。

「土地が安いというだけの理由で、企業が一方的に土地を選定しました。すぐその隣に民家の密集地がありました。軍国体制にもとづく立地で、住民の健康や生活を無視し、この土地の開発は植民地開発だと言われてきました」

四日市市はコンビナート稼働から十年もたたないうちに、公害の町として全国に知られるようになった。子どもたちがぜんそくで苦しみ、コンビナートの隣接地域では乳幼児の死亡率は全国平均の二倍に及んだ。

「企業側には町をつくるという発想はありませんでした。コンビナートと町の生活は切り離されていて、三菱資本でありながら、町には三菱銀行がありませんでした」(萩原さん)

町には、日本全国から労働者が集まった。閉山で炭坑を追われた元坑夫。その若い娘たちが仕事を求めて流入する。地元社会が大きく変わっていった。

大手企業が高額賃金で人を雇い入れるので、地元の産業に人が集まらない。漁業地区の住民は漁業保証金で生活を維持する。耕地の工業住宅用地への転用が盛んになり、農業従事者が減少する。さらに、会社が組合対策として利用するため、労働者を慰安する歓楽街が栄えた。

六〇年から八五年までの二十五年間で、人口は二十万人弱から二十六万三〇〇〇人に増加した。ただし公害のために、海辺や町の中心部からは人口が激減し、西部地域や郊外の山際に造られた団地では人口が激増するドーナツ現象が起きた。芽衣さんが育ったのは、そんな団地の一角に造られた教員住宅だった。

## †赴任先はランク最下位の困難校

全国に先駆けての近代化で、町や人のつながりが野放図に変わっていった。地場産業の変容が、人々の自尊心と生活を破壊する。

家業を子どもが継ぐという世代交代は不可能になった。その時、次世代を社会化し職業に振り分ける装置となったのが高校教育だ。全国的に見て、五〇年当時四割程度だった高校進学率は七〇年代半ば、九割に達する。近代化が早く進んだ四日市の高校は、「三重県の中では類をみないほど学校格差が厳しくランク付けされた」と萩原さんは言う。

祐太さんが勤務するF校は当時、その最下位に位置づけられた。

家に農地がなくても、成績や素行が悪く、他校には進学できないという理由で生徒が入学してくる。やる気のない生徒。規律を強める学校。反発して暴れる生徒たち。それを押さえ込もうとする教師の暴力的な管理。そんな困難のなかにF校があった。

八四年当時、一年生だったKさんはこんなふうに言う。

「高二のとき、バイトをしとったやろうと言われて、生徒指導室に呼ばれた。TとKという教師が待っていて、俺を殴った。最初はへらへら笑って殴られる回数を数えていたが、一五〇回を越えてから、子どもだからだんだん怖くなって、ぼろぼろ涙を流した。昼休み、このままでは殺されると思って、雨樋を伝って逃げた」

Kさんは在日韓国人の家庭出身だ。七〇年代半ば、小学校に上がると同時に、母親が市内でスナックの経営を始めた。働けば働くだけ収入が増える。

「俺は母親に手をかけて育ててもらった記憶がない。おやじは、コンビナートで働いたり、配管工をしたり、電気屋をしたり、仕事を転々とした。おやじにはよく殴られた。今振り返ると、本当はお母さんに甘えたかった。お母さんは夜の商売で、おやじにぼこぼこに殴られても誰も慰めてくれなくて、一人で泣いていた。そうなったら家族なんか好きじゃなくなるぜ」

勉強は苦手だったが「高校くらい出ておけ」と両親にいわれてF校に進学した。暴走族に入り、暴力沙汰を起こし、校則を破ったが、「そんな生徒はごろごろいた」。斎藤祐太さんが大阪体育大学を卒業して同校に赴任したのはこんな時期だ。ほそおもてのハンサムな青年教師だった。

ラグビーとの出合いは、母校の大阪府立高校時代だ。授業でラグビーの魅力に触れた。三年のときにラグビー部が全国大会に出場し、ラグビーへの憧れが募った。だが、父親がタクシー運転手として働く実家の経済状態もあり、大学進学後も出費の多いラグビー部には入部しなかった。

初公判の二カ月ほど前、祐太さんに直接話を聞いたとき、「それが悔しいという思いはなかった」と言った。大学時代は、もっぱら草ラグビーに参加して楽しんだ。

## †ラグビー部の再生に孤軍奮闘

祐太さんが四日市のF校に就職したとき、不良のたまり場と言われた同校のラグビー部は廃部が決まっていた。若い教師の奮闘を新聞は次のように書いている。

「練習の呼びかけに当時の部員から返ってきた答えは「しんどいから、いや」だった。

翌日から部員集めを始めた。担任クラスの男子生徒の大半に声をかけたり、「問題行動で処分を受けた生徒は必ずラグビー部に入る」というルールを定めてみたり。「だまされたと思って一度やってみてくれ。面白いから」。手当たり次第に声をかけ、新生ラグビー部はスタートした。

しかし厳しい練習に部を去る生徒が続出。サボる部員を追いかけて校門や駅で待ち伏せしたり、家庭訪問もした」(毎日新聞中部本社版　〇三年四月一九日付)

Kさんの担任は祐太さんだった。体が大きく、暴走族に入っていたKさんは、熱心に誘われて入部した。

もっとも廃部を免れてもラグビー部には、部費がない。用具は、放置されて丸まってしまった革製のラグビーボールがいくつか、部室の床に転がっているだけだった。

「先生がポケットマネーでボールや、道具を買い足した。生徒たちは、ユウちゃん、ユウちゃんと言って先生を慕った」

Kさん自身も祐太さんを慕った一人だ。高校二年のときには、副部長だった。

「俺は悪くて、何度か謹慎を受けて、あと一週間で謹慎が解けるというときに、家出をした。先輩の家に寝泊まりをして、港湾労働や自動車工場の流れ作業の仕事についた」

その日の宿泊所だった先輩の家の前の自販機で缶コーヒーを買っていたとき、登校途中の同級生が通った。

「お前のこと、ユウちゃんがあちこち探しとるで」

と言う。Kさんは戸惑った。親たちすら自分を探そうとはしていなかった。

一ヵ月後、学校を辞めることに決めたとき、祐太さんの自宅に呼ばれて、「ラグビー部はどうするんだ」と聞かれた。Kさんは言う。

「おれ、先生のこと、嫌いやなかったもんだから、戻りたいという気持ちもあった。暴走族仲間との約束もあって、戻れなかったけれど」

Kさんのクラスでは、四十余人の生徒のうち、十一人が中退した。祐太さんは地元の工場を一軒一軒回り、退学が決まった子どもたちを「つかってやってくれないか」と頼んで回った。

「あの頃は、高校中退の子どもを雇う会社もあった。今はもうないけどねえ」（Kさん）

社会に居場所があれば、未熟な者たちもさまざまな関わりの中で成長していける。当時は、学校外にも大人になる道筋が残されていた。

祐太さんは、女生徒からも人気があった。中でもひときわ熱心に追っかけていた女性が、芽衣さんの母親となる上杉礼子さん（仮名）だ。礼子さんは、祐太さんが新任の時の三年生で、ラグビー部のマネージャーだった。ラグビー部を成立させるために、身銭を切って奮闘する祐太さんに、毎日、弁当を届けた。祐太さんは、礼子さんから、幼い時から家族に恵まれず、母親は一時期、家を出て行ったことがあると聞いていた。二十六歳になったとき、祐太さんは、二十歳の礼子さんと結婚したが、「育ちに同情する気持ちもありました」と、祐太さんはインタビューで私に語った。

二〇一一年一月末、取材の場に現れた祐太さんは、練習を抜けてきたと言い、ジャージ姿だった。丁寧に遅刻の詫びを言い、礼儀正しい、体育の教師然とした人だというのが第一印象だった。

祐太さんは大阪で生まれ育った。既に述べたように父親はタクシー運転手。母親は専業主婦で、親戚には教員が多かった。母親は勉強を強要することはなくむしろ、放任主義で、中学からは、学校の入学式や卒業式にも来なかったそうだ。ただし、祐太さんが生まれた時に未熟児だったせいか、食事や睡眠には気を配った。

「朝からどんぶりのような茶碗によそったご飯を食べ終わらないと、友だちが呼びに来ても、「ごめんな、ご飯食べてるから先行って」と、食べ終わるまで行かせてもらえませんでした。睡眠時間も八時間は取らなければならず、夏休みの最後の日、宿題が終わらなくても、「勉強より睡眠が大事」と、寝かされました」

祐太さんは母親を少し誇るように言った。親面談などで担任に遅刻や宿題を指摘されると、母親は「自分は健康第一で育てている。「食べる、遊ぶ、寝る」ことが子どもの仕事であり、親の責任だ」と子育ての持論を述べたという。中学生になり、身体ができると、クラスで走るのが一番速いことに気付いた。

「それまでクラスで一番になったことがなくて、気分が良かった。芽衣の事件の後、自分は何で負けず嫌いなのか、随分考えましたが理由はわかりません。負けず嫌いになったのは、この時かもしれない。僕は負けるのはとても嫌ですね」

事件後、祐太さんは半年間、娘に会いにいかなかった。娘に対して強い怒りがあった。知人から強く勧められ、ようやく重い腰を上げた。弱った娘を受け止める力がなかった。

## †花園常連校に育てたハードな指導法

芽衣さんが生まれたのは、一九八七年五月八日。その後、二年おきに二人の娘に恵まれた。

この間、F校のラグビー部は、着実に力をつけていく。三人目の娘が生まれた九一年には、初めて県大会で優勝。祐太さんは、生徒たちを花園に連れて行くことにどれだけの誇らしさを感じたか。練習から逃げ出すことしか考えていなかった生徒たちを従わせ、地道に訓練を繰り返し、手にした成果だった。

県大会での優勝は、選手だけでなく、学校の序列で下位に甘んじる教員や、保護者、一般の生徒たち、OBにとっても大いに励まされる出来事だった。貶《おとし》められていた自尊心が息を吹き返す。

生徒たちだけでなく、家族が変わった。子どもと口をきかなかった父親が試合や練習の送迎をする。コンビニ弁当ばかりだった家庭で母親が栄養満点の弁当を作る。活躍した生徒たちは名のある大学に進学し、安定した就職先を得た。

祐太さんの活躍は、産業構造のなかで敗者に位置づけられた人々のルサンチマンを解消する役割を担っていた。

祐太さんは誰もが力をつけることができる、システマティックでハードな指導法を確立していた。

ラグビー選手としては経験のない祐太さんは、指導法を本やビデオで勉強し、理論的に訓練を組み立てた。何といっても練習時間が長い。二〇〇二年にグラウンドにナイター設備が設置されてからは、一時期、夜十時まで練習をしていたこともある。

祐太さんの命令は絶対的だった。OBの男性は言う。

「生徒たちは、絶対に暑い、寒い、痛い、かゆいということは言わない。何時間でも言われたことを実行する。だから、ラグビー部の卒業生は不況でも就職先には困りません」

ある学校関係者はその指導について、「頭を空っぽにして、先生に絶対的に従わせる、軍隊的な指導」と語った。

部内には祐太さんの思い通りに動かない生徒をターゲットにした、部員間のいじめがあった。生徒が望んでもなかなか退部させない。父母のなかには、辞めさせてほしいと教育委員会に直訴した者もいた。

十八年間に十五回の花園出場を果たした祐太さんの権力は絶対的だった。祐太さんは、八四年に新任で着任して以来、二十六年間勤務を続けた。

## †敗者を許さない価値観のなかで

事件が発覚して四カ月後の二〇一〇年十一月二十三日、三重県鈴鹿市内の鈴鹿スポーツガーデンサッカーラグビー場で、祐太さんが勤務するF校と、県立M高校との決勝戦があった。

この日、M高校の監督はグレーのジャージを無頓着に着て、いかにも高校の部活の顧問といったたいで立ちだった。それに対し、祐太さんは、頭を坊主にして、サッカーのワールドカップの監督たちのように、エンブレムの付いた紺のブレザーにグレーのズボンをはいていた。鎧のように服を着ている。

スタンドの親たちは、事件のことを知っている。

「頭を丸めて」

「少し太ったんじゃないか」

とささやき合った。

試合は、M校が最初から優勢だった。F校の選手がミスをするたびに、観戦している親たちからは悲鳴があがった。

「なにやっているのよ!」

と叫ぶ母親もいる。

結局F校が負け、二年連続、花園には行けなかった。競技場を引き上げる時、祐太さんは選手たちと父母や学校関係者を前に挨拶をした。

「M校の生徒たちは、中学からラグビーを続けてきた者たちです。我々はラグビーを始めて、まだ、一年半の者もいる。決して子どもたちは敗者ではありません」

「敗者」であることを強く否定してみせた。

ラグビー部のOBのある男性はこう私に語った。

「あの人のプライドはとても高い。支援者のOBや親たちと酒を飲むこともあまりない。数年前の一年生大会で、今年の決勝戦で負けた、M校にぼろ負けしたことがあった。私が「先生、まあ、一年生だからよろしいじゃないですか」と声を掛けたら、「一年生だからいいという訳はない」と言って、歯を食いしばって一人で帰っていきました」

芽衣さんは「学校」を通じて子どもたちを社会化し、社会に秩序づける文化をいち早く体現した町で、負けることを許さず、感情を閉ざして勝ち抜けることを良いこととする価値観を背景に生まれ育ったことになる。

## †「死んだ魚のような目」をしていた幼少時

祐太さんが、F校のラグビー部を三重県大会で優勝させ、初めて花園ラグビー場の土を踏んだのは九一年。初戦敗退だったが、翌九二年も連続で花園に出場。二回戦に勝ち残った。さらに九三年も全国大会に出場する。

祐太さんの妻の礼子さんは、この時二十代半ば。礼子さん自身は、子育てや家事力がどの程度あったのか。仕事にのめり込んでいた夫は、どの程度子育てを手伝っていたのか。実家の手助けはどの程度得られていたのか。

礼子さんは、夫が花園出場をして三年目に家を出て行った。芽衣さんは六歳だった。当時、県大会で優勝した夫のコメントが新聞に載り、試合の結果がテレビニュースになっていたころだ。

礼子さんが出奔した経緯は次のようなものだった。

あるとき、合宿に出掛けていた祐太さんが、忘れ物に気がついて、夜、家に戻った。戸口に見慣れない男物の靴があった。普段は妻と子どもたちは二階で寝ていたが、なぜか一階に布団が敷かれていた。電気をつけたら布団の中には妻と男性が一緒にいた。

現場を目の当たりにして、激しいショックを受けたと祐太さんは言う。朝まで修羅場を過ごし、そのまま合宿に向かった。その日の夕方家に戻ると、妻は子どもたちを連れて出て行き、家には誰もいなかった。

祐太さんの怒りは激しかった。自尊心は、深く傷付けられた。自分からは妻にも、子どもにも、半年間一切連絡は取らなかった。妻が出て行ったことは、妻の実家にさえ伝えることができなかった。

やがて実家の知るところとなり、礼子さんは実家に戻り、その離れで子どもたちを育てていた。

裁判での祐太さんの証言によれば、それからしばらくして、深夜二時ごろ、芽衣さんから「お母さんが家にいない」と電話がかかってきた。祐太さんは車で二十分ほどの所にある住まいに駆けつける。すると明け方五時くらいに、礼子さんが帰ってきた。「男性の所に行っていたのだ」と祐太さんは思った。

それからは、週に一、二回は子どもたちの様子を見に行った。

祐太さんは言う。

「子どもたちの髪は油ぎってベトベトで、服も着替えていませんでした。芽衣は死んだ魚のような目をしていました。精気がなくなって。普通の子どもとは思えない。放っておいたらだめになると思いました」

この時の芽衣さんの顔つきは、芽衣さんの携帯に残っていた、あおいちゃんの三歳の誕生日に撮影した写真によく似ていた。

居住の場所は二間あったが、簡易な檻が置かれて大型犬が飼われていた。その糞尿が放置されており、衛生環境は悪かった。礼子さんは当時、週に一、二回、夜間に下の子どもを連れて出かけ、男性と過ごしていた。上の子どもたちには、金を置いて、コンビニ弁当を買わせていた。

芽衣さんは次のように証言している。

弁護士「お母さんと一緒の時の記憶はありますか」
芽衣さん「ありません」
弁護士「漠然とした記憶はありますか？」
芽衣さん「いつもお母さんは家にいませんでした。一番下の妹を連れて、外出をしていた記憶はあります。私は自分はお母さんに嫌われているのだと思っていました。お母さんに叩かれた記憶自体はありませんが、お母さんに叩かれるのが怖くて、嫌だった記憶はあります。虐待を受けた記憶はありませんが、お母さんが嫌なことをするという気持ちはありました」

芽衣さんの注意深い言い回しは、弁護士との「正直に気持ちを話そう。その気持ちが現在のことなのか、事件当時のことなのか分けて話そう」という約束を意識してのことだ。

曖昧な記憶の理由は解離的認知操作という視点からも説明できると西澤さんは言う。

「彼女には、細かいことは覚えていないけれど、そういう被害があったと証言することがとても多いです。これは逃避的な機能で、メタ記憶といいます。実母のことも、虐待のようなことをされていた記憶があるが、具体的なことは覚えていない。彼女のトラウマ的な経験に対する処理の仕方ですね。幼児期から身につけたものだと思っています」

解離性障害を持つ者は、解離している間の記憶がないことが珍しくない。解離的認知操作をする者の場合、事実そのものの記憶はないが、そのことがあったことは記憶していることがある。それはどちらも自分を守るための防衛機制だ。そうすることで、自分では対処できない過酷な現実に直面しなくてすむからだ。

西澤さんは裁判で芽衣さんが幼い時に受けていた虐待は中〜重度に当たると証言した。

裁判での祐太さんの証言によると、このとき、芽衣さんたちに誰と暮らしたいかと尋ねたとき、「お父さんと暮らしたい」と言ったという。裁判で芽衣さんは父に引き取られたときのことは覚えているかと問われ、「祖母の家で、明日からお母さんはいないと言われました。お父さんと暮らすのは嬉しかった」と答えた。

## †ラグビーと子育ての両立

祐太さんは離婚を決意し、市内の団地内にある教員住宅で親子四人の暮らしを始めた。父親の祐太さん自身にとって、三人の幼い子どもを抱えた生活は厳しかった。だが、弱音は吐かなかった。

朝、下の子どもたちを保育園に送ってから出勤し、放課後の部活の指導を五時過ぎまで切り上げ、保育園に迎えに行った。夕食を作り、子どもたちを風呂に入れた。子どもたちを寝かせながら、寝てしまう。夜中に起きだして持ち帰った仕事をして、ラッパ飲みで酒を飲む。グラスを出すのさえおっくうだった。

「実家からは、部活は辞めて、子どもたちを連れて大阪に帰ってきたらと言われました。でも、ラグビー部を熱心に指導することで、学校が良くなってきたところでした。自分の中に、辞められない、一度勝ったのに、負けたくないという気持ちがありました」

地元で話を聞くと、祐太さんは、子どもの参観日にも出かけ、PTAに顔を出し、町内会の役員も務めている。子どもがいるからと、ラグビー部の生徒たちを学校から十数キロ離れたこの教員住宅まで連れてきて、近くを走らせていたこともあった。祐太さんはラグビーと家庭、子育てを両立させようと一生懸命だった。

もっとも家の管理がいき届いていたとは言い難かった。家の中はいつも片付かず、ベランダはゴミだらけ、風の強い日には臭いがした。

教員住宅近くでは、小学校時代の芽衣さんが、二人の妹を連れて、近くの公園で遊んでいる姿が目撃されている。

「夕方、暗くなるまで、姉妹で遊んでいるのをよく見かけました。芽衣さんは寂しそうでした」「小学校時代の芽衣ちゃんは、とてもいい子だった」「妹たちの面倒をよく見ていた」

地域を歩いた時、そんな声を繰り返し聞いた。

## †再婚、そして二度目の離婚

祐太さんはそんな生活を一年半ほど続けた後、再婚する。相手は芽衣さんの英語塾の先生だった。礼子さんが芽衣さんに習わせていたのだ。

「芽衣が誘って、ラグビーの試合を見に来てくれて、意気投合しました。子どもたちにとっていい女性かなと思いました」

新しい妻には芽衣さんのすぐ下の妹と同年齢の娘がいた。四人の女の子と両親の六人家族になった。

その女性は意欲的で、結婚後間もなく週末だけ、旅行会社のカウンター業務に就いた。

一家の食事を作るのは祐太さんだった。

「皆がパンがいいと言えば、今日はホットドッグ、明日はサンドイッチ、あさってはフレンチトーストと作った」

休みの日には四人の子どもを連れて近くの公園や遊園地に行く。「運動会には、力を入れて子どもたちの弁当を作った。どの家よりも立派な弁当にした」と祐太さんは言った。料理は得意だった。

「高校の子どもの弁当をのぞいて、僕の卵焼きよりもきれいなのは見たことがないくらい」

祐太さんの話には、比較する内容が少なくない。

新しい母親との生活は子どもたちには幸せなものではなかったようだ。公判で弁護士が芽衣さんに質問した。

「あなたと、その女性との関係は?」

「良くなかったと思います。その人は自分の子どもだけを育てていました。寝る時はその子だけと一緒に寝て、外出する時はその子だけを連れて行きました。顔見知りの女の人が家にいるような感じでした」

新しい母親は、自分の子どもと芽衣さん三姉妹とを差別した。祐太さんは次のように証言している。

「運動靴を買ってくると、一足だけブランドもの。あとの三足はワゴンセールで売っているような安物でした」

兄弟間で差をつけられるのは、虐待の一つだ。だが、芽衣さんは当時、義母は自分の親ではないのだから当たり前だと感じていた。自分自身の価値を信じることができない、自己肯定感の低さが折り重なっていく。

祐太さんと女性の結婚生活は一年半ほどで終わった。結婚した年には、F校は花園に行った。だが、翌年は行けなかった。

### †孤独な少女時代

離婚が成立した時、芽衣さんは小学校の高学年になっていた。家庭生活に二度の挫折をした祐太さんは、その後、急激にラグビーの指導にのめり込んでいく。取材では次のように語った。

「子どもが高学年になり、自分のことができるようになったので、子どもとそんなに話さなくてもいいと思い、だんだんクラブ活動に比重が行くようになりました。」

つまり、芽衣さんは幼いときから、ほとんど誰にも話を聞いてもらったことがなかった。ただし、祐太さんは子ども時代、母親が手をかけてくれたように、子どもたちの食事には気を配った。

「ご飯を抜くことは考えられなかった。時間がなくて牛丼を買ってきたら、最低限野菜サラダや野菜ジュースをつけました」

それだけでなく、子どもたちの運動の指導には力を入れた。マラソン大会の前には、ラグビー部の練習が終わった夜中に三人の子どもたちに、その友達まで呼んで指導をした。三人の娘はそれぞれの学年で優勝した。

芽衣さんは、学校の成績も悪くはなかった。地域のスポーツ活動では、ミニバスケットに参加して主将も務めている。

「あのころは、自慢の娘でした」

と祐太さんは言った。

「子どもたちにも、努力をすれば、必ず結果が出ることを教えることができたのだと思いました」

誰かとともに時間を過ごす喜び。悲しさや寂しさに耳を傾けてもらい、ホッとすることなどを芽衣さんは知らないまま育った。

「今になれば、子どもの言うことを聞くことが必要だということは分かりますよ。でも、あのころは気も回らない。自分の体力も続かない。家に帰ったら、もうヘトヘトで、何でこんな思いをしなければいけないのだろうと思っていました」

一人親としての、思い通りにならない子育ての苦労を祐太さん自身が味わっていた。

——お子さんたちに対してはどんな気持ちだったのですか。

「最低限のことを親がやって、頑張っている後姿を見せていれば、後は自分の力で何とか学校でもやっていくだろうというような気持ちだったですね。子どもからすれば、普段はほったらかしで、何か起きたらえらくきつく叱るとか、そんな感じだったかもしれません。遊びに連れて行くのも（自分の都合で）ラグビーの試合を見に行くだけとか、そんな感じでした」

――子どもたちが自分で努力を学ぶということはすごいなあと思いますけれど、先生のそばで、弱さとか出せないような感じがしますね。

「まあ、そうなんでしょうね。部員もそうなんですけれどね」

厳しく部員たちに努力を強いるように、わが子に努力を強いていたのか。私は思わずつぶやいた。

――でも、部員は家庭があるから。

「そう、そうなんですよね」

――芽衣さんが妹たちの母親代わりのようなところはあったのですか。

「妹たちのことは、ちゃんとしといてやってな、と言っていました。女の子三人だから、お姉ちゃんが妹の相談に乗ったりはできるだろうと思っていました。女の子三人で良かったとも思っていました。今思えば、子どもたちのほうでも、僕にあまり手間をかけさせてはいけないと思っていたのではないかと思います」

妹たちにとって、芽衣さんが母親代わりだった。

### †次々と変わる父親の恋人

Ｆ校ラグビー部は、二度目の離婚が成立した一九九八年から二〇〇四年まで、連続七回の花園出場を果たした。これは芽衣さんの小学校五年生から高校二年生までに当たる。独身に返った祐太さんには絶えず女性との噂があった。地域を歩くと、違う女性とスーパーで手をつないで買い物をしていたといった証言を複数聞いた。

――当時、家に女友達を呼んでいるという噂もあったようですが。

「独身の男性として寂しいことだってあります。子どもの世話をしないで、外で会うよりもいいと思っていました。子どもたちと一緒に旅行にいったこともあります」

だが娘たちは、父親の恋人が次々に変わり、家に来ることをどう捉えたのか。一緒に行く家族旅行は、子どもたちにとって楽しい出来事だったのだろうか。

親の恋人が、子どもに配慮なく家を訪ねて来れば、子どもたちは身の置き所がない。大人は、恋人との力関係によって、恋人の子どもに声をかけたり、無視をしたりする。自由に自分の家から出て行くことさえできない時、子どもたちは自室や自分のベッドの上で時間が過ぎるのを身を固くしてやり過ごす。

ティーン時代の芽衣さんが暮らす家のなかで、祐太さんから子どもたちへの配慮は十分とは言えなかった。

## †依存体質の実母

父親の離婚後、芽衣さんは実母の上杉礼子さんと再会した。公判で芽衣さんは次のように述べている。

「お母さんと再会したのは、小学五年生のときです。家に電話がかかってきました。お父さんいますか、と聞かれて、いつもなら「いません」と言って切るのだけれど、切ってはいけない気がして、「何か用件を伝えますか」と尋ねました」

母親との再会は嬉しかった。家の外で会い、食事をしたり買い物をした。妹たちも母親に引き合わせた。

母の新しい家庭を訪ねると、知らない男性との間に二人の弟がいた。想像はしていたが、ショックは大きかった。

再会した母はかつての怖い母親とは別人のように優しく見えた。

だが、現実には、母親は生きにくさを抱え、不安定だった。中学生の芽衣さんの前に手首に包帯を巻いて現われ、リストカットをほのめかす。薬を大量に飲んだというメールが届くこともあった。

実母は自身への慰撫を娘に求めた。

母親は新たな結婚でも浮気をした。二人の弟を置いて家を留守にする。後に、高校生だった芽衣さんが、残された弟たちが気の毒で、水族館へ連れて行ったこともある。

優しい母親と精神的に不安定な母親とが、目の前にいた。

両親の都合を飲み込み「自慢の娘」をしていた芽衣さんが、大きく変わるのが、中学一年の時だった。

## †思春期の心のありか

DVDの画面で少し若い福澤朗がスタジオから中継先に叫んでいる。

「素晴しいお父さんをもつ芽衣ちゃん、あなた幸せだぜ、な。これからも家族仲良く。ちゃんと家に帰るんだぜ」

肩に掛かる茶髪。アイラインを入れたくっきりした目元。ふっくらした頬。中学の制服を着た「芽衣ちゃん」が緊張した不安げな顔でうなずく。傍らのハンサムな父が照れくさそうに笑う。

十年前に朝のニュースショーで作られた二十分番組だ。

別のシーン。四十代初めの男盛りの祐太さんが、ラガーシャツの襟を立て、きれいに髪を撫で付け、夜の盛り場で家出をした中三の娘、芽衣さんを探す。プリクラの機械のカーテンの下を覗き込み、カラオケ店の受付でモニターの画面にわが子の名前を見つけ出す。

番組の筋立てはおおよそ次の通りだ。

三人の娘を抱えるバツ二でシングルファザーの高校教師が、十九年前に不良の巣だったラグビー部を熱血指導で更生させた。県大会では繰り返し優勝、全国高校ラグビー大会の常連校となり、大阪府下にある花園ラグビー場に生徒たちを連れて行く。家庭生活では、離婚はしたものの、子育ては頑張ってきた。子どもたちの食事作りにも熱心だ。だが、父親の思いを知らない中学生の長女は暴走族に入り家出を繰り返すようになってしまった。

この年、父は猛練習で花園出場を果たし、ベスト十六に進出した。その試合を観戦した娘は涙を流し、父を祝福した……。

芽衣さんの中学時代を取材した私は、この著名なラグビーの監督とその生徒たちを讃えるニュース番組を見ながら落ち着かない。まさにこの時、誰かが芽衣さんを親身にケアしたら、二人の子どもを餓死させるという事件は起きなかったのではないか。問題となるのは家出ではなく、家出先で何が起きていたのか、そのときの芽衣さんの心のありかだ。父親の祐太さんも番組制作のスタッフもそこを真剣に探った形跡がない。それは芽衣さんへの「ネグレクト」ではないか。

### †父親に対する彼女の見解

二〇一二年三月七日午後、大阪地方裁判所の一番大きな第一法廷で松原弁護士による、芽衣さんへの証人尋問が始まった。

弁護士「小学校時代は、ミニバスケで主将をやり、勉強もできましたね」
芽衣さん「はい」
弁護士「それが中学校に入って非行、でいいですか」
芽衣さん「はい」
弁護士「きっかけは何ですか」
芽衣さん「覚えていません」
弁護士「これが嫌と思い当たることはありますか？」
芽衣さん「ありません」
弁護士「お父さんが嫌いでしたか？」

芽衣さん「覚えていません。家出をしたら、お父さんは夜中も探しに来てくれました」
弁護士「最終的には家に帰るのですね」
芽衣さん「はい」
弁護士「お父さんうっとうしかったりしましたか」
芽衣さん「そのときは、うっとうしかったと思いますが、当然だと思います」
弁護士「今日、お父さんを振り返って、どう思いますか」
芽衣さん（沈黙の後）「一人で全てをしてくれたのは、すごいと思います。感謝もしています」
弁護士「お父さんに対して、今、どういうふうに思っていますか」
芽衣さん（涙をハンカチで拭いながら）「お父さんに育児放棄があったと言われましたが、なかったと思います。大好きだし、仲が良かったと思っています」
　これが、この時の芽衣さんの父親に対する公式見解だった。
　これが事実だったと考えるのか、そこに抑圧があると考えるのか、証言の取り扱いは難しい。

## †彼女の中学時代

それでは、芽衣さんの中学時代とはどのようなものだったのか。

私は、学校関係者、当時の非行仲間たち、そして、芽衣さんの父親の祐太さんに話を聞いた。それぞれの場所から見えていた芽衣さんの姿は微妙に違っている。その違いに目配りしつつ、芽衣さんの中学時代を振り返ってみたい。

二〇〇〇年四月、芽衣さんは地元のS中学に進学する。同校は、近隣の二つの小学校から生徒が集まり、一学年七クラスだった。他の地域から団地に移り住んできた住民と、地元に古くから暮らす農家の子どもたちが混在していた。少し前までS中には非行の子どもたちが集まるといわれ、学校の評判は良くなかった。芽衣さんが入学した時点では、少しずつ落ち着きを見せていたが、時には、卒業生がバイクで乗り付け、学校の敷地内を走る姿も見受けられた。

当時の学校関係者が次のように話す。

「芽衣さんは入学したときは、明るくてハキハキとした生徒でした。顔立ちもよくて、目立つ子でした。授業中もよく発言して、勉強ができる雰囲気がありましたが、実際はそれほどの成績ではありませんでしたね。運動能力は高かったです」

一学期が始まって間もなく、クラスでは女子たちがグループ化して、主導権争いを起こした。芽衣さんは一方のグループのリーダー格で、ブランドの筆箱をもっているのは生意気だと言われ、争いになった。それをきっかけに先輩にも目をつけられるようになっていった。

学校関係者は言う。

「芽衣さんは友達とはいつも、自分が上だという力関係を作ろうとしました。自分の方が秀でていないと人とつながれない。人間関係を人と人との力関係で見ているようなところがありました」

強くなければいけない。敗者であってはならない。芽衣さんは、そんな価値観を身に付けていた。

部活は、小学校時代に熱心に活動したミニバスケットに続き、いったん、バスケットボール部に入部した。だが、間もなくやめてしまう。次第に父親が望む姿と、芽衣さん自身がずれていく。

夏休み明け、芽衣さんは髪を染めた。父親には、芽衣さんは「友達にいじめられ、無視された。友達を見返してやりたいと思って髪を染めた」と説明した。

## †「いじめ」で父親が学校に介入

父の祐太さんは「アホ言え」と頭ごなしに叱りつけ、髪を短く切らせ染めさせた。

二年生になると、芽衣さんはときどき学校を休むようになった。成績が落ちる。得意の体育でさえ成績は悪かった。この頃になると、髪はいつも茶色に染められていた。

父親が休む理由を聞くと、学校で二十人くらいの上級生に囲まれて、殴る蹴るの暴行を受けた。学校に行きたくないと言う。

「『先生はどうしているのか』と尋ねると、『自分が殴られているその後ろを、見て見ぬ振りをしてそろり、そろりとつま先立ちで歩いて行く』と芽衣は言いました」

祐太さんはふがいない教師が許せなかった。高校の仕事を休み、中学校に向かった。校長室で、担任、学年主任、教頭、校長の四人に会った。祐太さんは言う。

「いじめている中心の女生徒二人を出せと言いました。先生が呼びに行きましたが、帰ってきて、生徒は来たくないと言っているという」

祐太さんは、生徒に毅然とした態度を取らない学校側に怒りをもった。

「僕は仕事を休んでここに来た。それをこんだけ待たして。それなら僕が連れてきます、何年何組ですかって立ち上がったら、あわててわかりましたって連れに行きました。それなら最初から連れてこいと、思いました」

教員に連れられてきた女生徒は、足を組んでソファーにふん反り返っていたという。祐太さんは「ちょっといいですか」と教員たちに声を掛けて立ち上がり、女生徒の前に立った。

「お前、足をおろせ、顔をこっちに向けろ。背もたれにもたれるな。おっちゃんなあ、芽衣のお父ちゃんやけどな。今日、仕事を休んで来とんのや。真面目に話を聞け！　と言いました。生徒指導とはこうやるのだと、中学の教員たちに教えてやりたいという気持ちもありました」

だが、祐太さんによれば教員は「何も指導せず、見ているだけ」だったと言う。

女生徒が黙って座っているので、声が大きくなる。

「自分が同じ立場だったらどう思うか」

問いつめると、少女は泣き出し、謝った。祐太さんによれば、担任の教師と少女の母親が、「この子がこんなに素直な態度をするのは、初めてです」と言ったという。

「皆外に出て」と父を止めたのは、芽衣さんだった。祐太さんは「本当にそれでいいのか」と確かめて、いったん部屋の外に出た。

「もういいというので、部屋に戻ると芽衣はニコニコ笑いながら仲直りしたから、今日から遊んでいい？　と聞く。それで私はその子には「仲良くしたってな」と言いました」

祐太さんによれば、その女生徒が暴走族と関係をもっていたことから、芽衣さんも暴走族に関係を持つようになったと言う。やがて芽衣さんの家出が始まった。

祐太さんは、芽衣さんの家出は学校の指導が行き届いていなかったためだと思っている。

「芽衣は学校から家出する。（暴走族につながっている）その子らに誘われたら行かないではいられない。怖いからです。それでよその子とつながっていく。

僕は学校に、学校から出さないでくださいと言った。電話をくれたら迎えに行きますから、僕が行くまで置いといてくださいというと、芽衣は何かあると保健室に行くようになった。でも、保健室は規則で一時間しかおれない。迎えにいくと、さっきウチまで送って行きましたと言われる。その学校は少し前まで子どもたちにガラスがばんばん割られるような学校だった。だから皆臆病なんですよ。先生たちが。それが災いして、芽衣を置いといてもらえなかった」

## †「教員との関係は刹那的」

学校関係者による芽衣さんの見え方は違う。暴行を受けている子どもの後ろを忍び足で過ぎ去るなどあり得ないと学校関係者は私に言った。

教員から見れば、芽衣さんはよく甘えたという。だが、感情のコントロールができなかった。

「前日は先生と仲良くしていても、翌日になって気に入らないことがあると「死んで！」という言葉を平気で投げつける。教員との関係は刹那的でした。関係が積み上がっていかないことに苦慮しました」（学校関係者）

中学時代の芽衣さんの非行仲間、勉さんの実家は、飲食店を経営しており、夜、親たちは仕事に出掛け、自宅は留守がちだった。そこに仲間たちが出入りしていた。

「芽衣と初めて会ったのは、芽衣が二年生のとき。僕は中学を卒業していた。一コ下の後輩が、彼女として芽衣を家に連れてきた。芽衣は家出を繰り返していて、よく出入りをしていた。たいていの子たちは、僕も含めて、家出をしても、四、五日もすると家が恋しくなって自分から帰って行く。でも、芽衣は自分からは帰ろうとしませんでした。それだけ、お父さんが厳しいからだと思っていました」

芽衣さんは仲間たちに父親については話すことがあった。だが、母親について話すことはまったくなかった。

繁華街でたむろして、夜はカラオケや非行仲間の家に行く。バイクを乗り回して補導された。当時の仲間の一人は言う。

「芽衣はテンション高かったから、おったら楽しかった。でも、よく嘘をついたから、仲間からは信用されていなかった。何でもしゃべるけど、大事なことや、助けのいることは何もしゃべらんかった」

取材をしていると、芽衣さんがよく嘘をついたという話が繰り返し出てきた。勉さんも言う。

「芽衣はよく、くだらない嘘をつきました。何でそんな嘘をついたの？　というような。ただ、その嘘は、人を困らせる嘘ではなく、自分を盛る（よく見せる）嘘だった」

芽衣さんはよく恋人を変えた。時には仲間同士でも、誰がその時の芽衣さんのカレシなのか、わからないほどだった。

芽衣さんが出入りしていた別の家の女性は言う。

「芽衣は、友達のカレシを平気で取って、よくトラブルになった」

芽衣さんは男子に求められると、すぐに体の関係になった。時には、食費等の家出中の出費を性の相手から得ることもあった。援交のような体験も重ねている。

ティーンエージャーが誰彼となく性関係を持つのは、愛情飢餓だ。私が出会った、ある十代の少女は、「性的な関係になったその時だけは、寂しさを忘れられる」と口にした。彼女はそういう自分を深く恥じてもいた。

十分なケアを受けられず、強い依存欲求を抱えて成長する女性たちは、母となった後孤立するとネグレクトを引き起こす可能性が高まる。自分自身を守れず、したがって、わが子を守る力がない。芽衣さんの生育歴のなかに、ネグレクトの種は播かれていた。

## †消された集団レイプの記憶

さらに、わが身を守れず、頼る者を周りにもたない若い女性たちは、過酷な体験に出合う可能性も高い。

芽衣さんは公判で次のように話した。

「中学二年のとき、顔見知りの男たちに山に連れて行かれ、殴られたり、蹴られたり、頭を打ち付けられたりしました。大勢対一人で、集団レイプも受けました。相手が次々に変わったこと。シンナーの臭いがしたことを覚えています」

性暴力は剝き出しの頼りない自分を相手の力の誇示に利用される恐怖の体験だ。惨めさ。恥ずかしさ。心に負う傷は深い。自分が信じられなくなり、価値観の方向感覚が失われる。そんなことをまだ自我ができあがらないうちに体験する。

芽衣さんはこの日の夜、大量に服薬して病院に運ばれている。だが、事件発覚後の取り調べのとき、芽衣さんは当初この体験の記憶がほとんどなかった。その後、集団レイプの話をもちだされ、かろうじて思い出した。

西澤さんによれば、これもまた、芽衣さんのメタ認知だという。繰り返すが、命に関わる程の重大な出来事を覚えていないのは、それが芽衣さんのトラウマに対する処理方法だからだ。幼児期に身につけた、困難からの逃げ方だった。

私は取材で行き当たった学校関係者に芽衣さんが集団レイプにあったことについて尋ねてみた。だが、その事実は知らないと言った。父親の祐太さんにも尋ねたが、レイプの事実は大阪での事件が発覚後、中学時代の出来事として警察から知らされたと話した。母親にも何も話していない。

当時の非行仲間の一人は「芽衣からレイプの話を聞いたことはあるが、誰も気に掛けなかった」と言った。別の仲間は「普段から怪しい人たちとつるんでいるから、自業自得だと思った。芽衣はよく嘘をつくから、本当かなとも思って」と答えた。

芽衣さんはさらに、この時期、知り合いになった男に援助交際を強要され、ごまかして逃げようとして、その男から暴行を受けた経験もある。

性のとば口で、性を金に換えて生活を立てることを学び、集団リンチやレイプに遭遇した。それにもかかわらず、彼女を守る者はいない。彼女の価値観を支え、あなたは意味のある存在だと自我を支え、自尊心を持てと伝える存在が一切いない。彼女の日常を見守る人は誰もいない。

芽衣さんはそんな状況を生き延びた、サバイバーだった。

## †性行動が急速に若年化する日本

ところで、二〇〇〇年の愛知県武豊町の事件では、母親が性的な初体験をしたのは、高校生になってからだった。だが、芽衣さんは中学時代に既に性体験をしている。それは、日本の若年者の性行動が劇的に変化したことと連動している。国連エイズ計画共同センターセンター長で京都大学医学部准教授の木原雅子は「短期間にこれほど急速な変化を生じた国は、先進国、途上国を問わず他に見当たらない」(「現代社会と若者の性行動」『母子保健情報』六〇号)とする。

性行動の若年化について、一九九九年の調査で、十代で性交を経験した人は、五十五歳以上では男性三〇パーセント、女性は一一パーセント。それが十八歳から二十四歳で男女とも七九パーセントに及ぶ。性行動のパターンも変化。女性の場合、生涯経験人数は五人以上が五十五歳以上で二パーセント、それが十八歳から二十四歳では三八パーセントとなっている。また、付き合ってから性行動に至るまでの時間が短くなった。オーラルセックスが広がるなど、性行為の内容が多様化している。その中で、誰にも守られないまま、幼い者たちが無防備に性を体験する。若い人たちの性の商品化も進行している。子どもたちの非行に詳しい専門家はこう言った。

「中学生どころか、小学校高学年のキャバクラ嬢もいますよ」

若い人たちの自分を信じる力とは、価値観を信じぬく力でもある。若い人たちの未熟さからくる弱さを支える役目は大人たちだ。社会の枠組みがきちんと若い人たちを支えなければ、性愛の先にあるはずの、安定した子育ての基盤を作ることは難しい。

## †困難に直面すると「飛ぶ」

芽衣さんは、恋人を取ったなどの理由で仲間うちでもめると、その都度、ふっといなくなった。気がつくと、別の場所でたむろする非行グループに移っていることもあった。そんな風にフッといなくなることを、中学生たちは「飛ぶ」と表現した。

それは、時々顔を出す学校でも同じだった。嘘がばれて友達とトラブルになると、すぐに学校を飛び出した。困難に直面するとその場からいなくなる。

学校関係者は言う。

「芽衣さんは学校の中から出て行ってしまう。学校に収まりきらないところがあった。学校の友だちとのつながりだったら、私たちも把握できる。でも、学校の中にいない子どもには学校としては手が届かない。芽衣さんは、がちっとした暴走族に入って活動しているという感じがしなかった。やんちゃのグループにも、レディースの中にも、居場所があったのか。いつも輪の外にいることで自尊心を保っていた。単発で人とつながることができても、継続的につながることが難しいところがあった」

現代では、学校内に留まれない子どもが社会から教育を受けることは難しい。

取材のなかで西澤さんは、芽衣さんの突然の非行化は彼女が生育歴の中で身につけてきた、解離の病理のためだったと言った。

「芽衣さんは小学校時代は、割と中心的な役割を果たす力のある子どもだったが、中学時代に急変して非行化した。

私はそれは母親への思いをずっと否認してきたからではないかと考えています。裁判では、母親を離れて父親と住むことになった時父親と住むことが嬉しくて、寂しくはなかったと証言しました。しかし、幼い子どもには父親よりも母親の方が大きな存在です。母親への気持ちの抑圧があったのではないか。それが、父親が再婚して継母とその娘との関係を毎日目の当たりにすることで、無意識のうちに母親への抑圧されていた憧憬、渇望が活性化された。そこに母親から電話があって、母親への思いが一気に膨らんで非行化したのではないかと思われます。

ただし、そのことは本人は語っていません。それだけでなく、彼女はその後も彼女自身に起きる急激な変化については、一切説明できません。そこが解離が生じたと考える理由です」

教師との関係について西澤さんが次のように説明した。

「人は成長の過程で、保護的な養育を提供してくれる最も重要な他者との関係で自分ができていく。しかし、芽衣さんは、重要な人、彼女の場合は母親との関係が薄く、要素が一つにまとまりきらない。先生と良い関係を作れるときは、彼女の多様な要素の一部が先生と関係を作っている。だが、そちらが鳴りを潜めて、悪い部分の彼女が活性化することもある。そうなると昨日とは様子が変わることになる」

それでは、芽衣さんの病理は母親との関係だけの問題なのか。西澤さんは裁判で父親の養育環境は問題にしなかったが、取材では次のように言った。

「父親の養育が良かったとは思わない。ネグレクトだったと思う。そこは心理鑑定で詰め切れなかったという思いはある」

## †父親と学校との確執

ところで、髪を染め、外の仲間と過ごす芽衣さんに対し、学校側は対応に苦慮した。父親の祐太さんを四回、五回と呼んだ。高校ラグビー界で高名な教師であることは知っていた。

「『もっと芽衣さんの話を聞いてほしい』と伝えたかったのですが、毎回斎藤先生は、「自分も非行に走った子どもたちを学校でみている。厳しくラグビーの練習に打ち込ませて、自分を取り戻させている。達成感を持たせて自信を持たせることが大事だ」と語られました。本心は芽衣さんのことでおつらかったのだと思います。でも、困ったと言って私たちを頼ったり、あるいは私たちを非難したりという、親らしい姿勢は見せませんでした。決して弱みを見せないお父さんでした」

一方、祐太さんは言う。

「あの学校は少し前に、対教師暴力があり、先生が大けがをするほど荒れていた。生徒がおかしな行動をしても教師は怒らない。言うことをきかんかったら、次からちゃんとやれるように指導していくのが、教師ですよ。同業者としてあり得ないと思ったので、親として話を聞く気になりませんでした」

祐太さんは、自分なりに芽衣さんとの関係作りに努力した。たとえば、高校の合宿に連れて行って手伝わせた。芽衣さんも機嫌良くついていった。

毎日芽衣さんに弁当を作ってもたせていた時期もある。だが、芽衣さんはそれを当時、仲の良かった友達の家のゴミ箱に捨てた。友達の母親から連絡を受けた学校側はそのことを祐太さんに伝えた。

祐太さんは、芽衣さんが家出をすると必ず探しにいった。学校側が祐太さんに芽衣さんの居場所がわからないと訴えると、「心当たりを探します」と言って、「有職青年の家にいました」「カラオケボックスにいました」と言って連れ帰った。

これに対して祐太さんは次のように話す。

「家出は友達が怖かったのでしょう。自分が迎えにいくと、何やと思うほどあっけなく一緒に帰ってきた。寂しいんやなと思って、迎えにいってやらなければと思いました」

祐太さんには、芽衣さんが自分を拒否していたという考えは当時も今もない。

家出先が桑名市内で再婚家族と暮らす、実母の家であることもあった。そんなときには、父と母が連絡を取り合った。

家出は壊れた家族をもう一度結びつけるという、芽衣さんの切ない願いを実現する、役割をもっていたのかもしれない。

祐太さんとの話し合いがうまくいかないと感じていた学校側も、実母と連絡を取った。母親は仕事を抜けて学校を訪れ、「芽衣を引き取ることはできないけれど、協力します」と言った。学校側としては、祐太さんよりもずっと頼りになった。

だがもちろん、礼子さんがリストカットやオーバードーズ（薬物過量服用）をすることは、学校側は知らない。

### †卒業、関東の高校への進学

三年になると担任は、受容的に対応する女性教員に変わった。芽衣さんは時々学校に顔を出し、体育祭や文化祭にも参加した。教員に「頑張ったなあ」と声をかけられると、うれしそうに笑った。

中学三年の秋は、進路指導の節目だ。だが、学校側には芽衣さんの進路を考える糸口がなかった。

「この時期、非行に走っていた生徒も将来を考え、自分に向き合うようになります。でも、芽衣さんは運動にも勉強にも、学校の活動にも優位なことがなかった。これで進学できるのだろうかと心配だった。そうかといって就職しても、働けるのだろうかとも思われました」

冒頭のテレビ番組が作られたのは、この年の十一月から十二月にかけてのことだ。進路を決める時期だ。

番組の中で、家に連れ戻された芽衣さんは花園に出場した父の応援に行く。最初、不機嫌そうに観戦し、テレビスタッフに注意される。一方、チームは猛烈なタックルで二回戦を突破。そして三回戦で敗北する。試合直後、祐太さんはロッカールームで「今日の試合は負けたけど、これからのお前らの人生、これを活かして頑張るんやぞ！」と訓話した。片隅で涙を流しながら聞く「芽衣ちゃん」。その顔をアップで追うカメラ。父と娘の和解が演出される。

ニューススタジオにいる福澤朗氏に、グラウンドからの中継で、祐太さんは芽衣さんは「自分が勤務する高校を受験することになった。明日から塾に通う」と告げた。

だが合格はできなかった。

教員たちは芽衣さんが卒業式に出席できるか危ぶんだ。ジャージ登校だったこともあり、制服もすでに手元になかった。式に出席しない下級生から借りるよう手配した。

学校側に依頼された母親の礼子さんが、卒業式前日から芽衣さんを家に呼び、当日朝、一緒に登校した。父の祐太さんも出席し、両親そろって式を見守った。

「卒業式では、教員はそれなりの感慨をもちます。でも、芽衣さんの場合は、ただ、大変だった、という思いしか残りませんでした」

この頃、芽衣さんは非行仲間に「芸能人になるために東京に行く」と話していた。だが、勉さんには「不良仲間と離すためにお父さんに東京に行かされる」と告げていた。それから間もなく、芽衣さんは仲間たちの間から姿を消した。

同じ頃、出身中学には祐太さんから、関東地方にある小さな私立高校に進学させることになったと連絡がきた。芽衣さんに関わってきた教員たちは、それは父親主導で決められたのではないか、芽衣さんは親元で、一緒に時間を過ごす必要があるのではないかと心配した。

第三章

# 高校時代

## †高校での生活

芽衣さんが十五歳から十八歳までの三年間を過ごしたT高校は、首都圏のベッドタウンにある。住宅地の中の小さなビルにすっぽり収まる、全校二四〇名ほどの私立高校だ。半世紀以上前に、健常児と自閉症児の混合教育を目指す幼稚園が設立され、その後、小学校、中学校、高校と順次開校してきた。高校の健常児のなかには、不登校経験者など、現行の学校教育になじめなかった生徒も多い。

芽衣さんを呼び寄せたのは、同校で教鞭をとる大山和夫さん（仮名）だ。ラグビー部の監督でもある。

ラグビー部には全校の三分の一にあたる約八〇名が入部。内訳は男子部員六〇名、女子部員は二〇名ほど。男子の場合は、健常児も自閉症児も体を激しくぶつけ合ってボールを追い、密度の高い時間をともに過ごす。助け合いや競い合いを経験し、社会性を身につけることが目的だという。女子はマネージャーとして活動する。ラグビー部の活動は同校の教育の支柱ともされている。

ラグビー部が創設された二〇〇〇年、大山さんの活動がテレビで放映され、それを見た祐太さんから連絡があり交流が始まった。

大山さんに率いられたラグビー部の生徒たちは、二〇〇一年から毎年春休みに、三重県四日市市のF高校の柔道部の部室に寝泊まりをして合宿をした。食事の準備をするのはF高ラグビー部の父母たちだ。同校のラグビー部が全国大会に出場するたびに、大山さんはT校のラグビー部の部員を連れて、大阪まで出かけ、応援した。

祐太さんは、芽衣さんがF高に落ちたとき、大山さんに預け、T高に入学させることにした。

この学校で芽衣さんはどのような教育を受けたのか。

二〇一〇年十一月、T高の文化祭を訪ねた。玄関を入って、小さなホールを抜け、階段を上っていくつかの教室を覗く。すれ違う生徒たちが、丁寧に挨拶をしてくれる。訓練が行き届いているという印象だ。

四階の教室で、生徒が実習で作った陶器を売っていた。自分なりのデザインの作品もあるが、多くが作りやすい同じ形のもの。模様がきれいに描かれているもの、大きく歪んでいるもの、生徒たちの能力によって、さまざまだ。いくつか選び、会計にもっていった。担当の生徒が新聞紙に包もうとする。だが、手の動きがおぼつかない。傍らの生徒がすっと手を出して、茶碗を支える。最初の生徒はなんとか皿を包み終えた。ハンディを抱えた生徒と健常な生徒がペアで日常を過ごすのだという。お金を受け取ると、そのチーム全員の顔がぱっと明るくなった。達成感なのだろう。

文化祭の半月前、大山さんから直接聞いた話を思い出した。

「企業が新入社員を選ぶ時、一緒に食事をして、箸の使い方を見るといいます。握り箸とか、箸で食べ物をカットしてしまうとか、いろいろな子どもがいます。面接の待合室には急須とポット、お茶碗を出しておいて、最初に来た人が全員のお茶の準備をするかどうか見ているともいいます。自分だけ飲んだらもうだめです。

そういう企業がある以上、そういう力を身につけるように訓練しなければいけません。特に、障害を持つ者はそういう力を身につけられず、企業で採用してもらえなかったら、生涯、施設で暮らすしかありません」

同校の教育では適応する力、礼儀正しいことが重視されるのだ。

### †ラグビー部のマネージャーとして

芽衣さんは在学当時、ラグビー部員でマネージャーだった。小学校時代から、父親に連れられて合宿や試合に同行していただけにラグビーの知識は豊富だった。

T高の二〇〇七年のマネージャー心得によれば、マネージャーは部員の「お母さん」と位置づけられていた。練習中、選手をケアし、選手のためにグラウンドに水をまき、道具をもって走り回ったり、給水をしたりと忙しい。

マネージャーは選手の伴走者であり、プレイヤーではない。芽衣さんは、この時期、人の内面や希望を汲み取り、寄り添い、合わせるという教育を受けていた。

当時独身だった大山さんは、駅前商店街の、両親が切り盛りしていた理髪店の二階に芽衣さんを住まわせた。両親は四〇年以上前から従業員を使って、地域の人たちを顧客にして、この店を経営してきた。だが、この頃には店を小さくし、老夫婦だけで働いていた。

芽衣さんは当初、学校の寮に住む予定だった。だが、入学のために上京する時、芽衣さんは約束の時間に現れなかった。時間にルーズで、目上の者との約束を守らない。ほかにも、嘘をつくなど、さまざまな欠点が見られた。

大山さんは最初は芽衣さんを嫌っていたと、裁判で証言した。

寮生活は難しい。一定の愛情の下で見守られて暮らすことが必要だと判断した。それで実家に引き取ることにした。

芽衣さんが一緒に暮らし始めて二週間後、大山さんの父親が死去する。

通夜では、父親の遺体が納められた棺が店の椅子の上に置かれ、四〇〇〜五〇〇人もの弔問客が訪れた。棺の上に料理や酒が並び、親しかった者たちが泣きながら酒を飲んだ。

「これが死というものだと、芽衣に見せておきたかった」

と大山さんは言った。

## †生育環境の影響

その後、芽衣さんの卒業まで、大山さんの母親の正江さん（仮名）が店を守り、寝食を共にした。大山さんは法廷で次のように証言している。

「芽衣は入学してすぐに家出をしました。サンダル履きジャージ姿のまま、買い物に行ってくると言って姿を消した。三重県に住む芽衣の母親に連絡をすると、来ていると言う。迎えに行きました。ところが、母親の家に行っても玄関に入れてくれない。家の中からは芽衣の声が聞こえていました。母親は明日、必ず行かせますからという。芽衣にお金を渡し、甘やかしていました」

こうした行為は繰り返された。

礼子さんは、芽衣さんを父親やその関係者に取られてしまうことを警戒している。娘を甘やかしたり、突き放したり、自分のもののようにコントロールしようとしている。大山さんはそう感じた。娘の将来のために、人に預けたり、手放したりすることができないのだ。

母親が社会の中でさまざまなものを奪われている時、わが子を抱え込む。子どもだけが自分の誇れる所有物だ。そして、自分の気持ちのままに、子どもを揺らす。母から十分に愛されていると感じ取れずに育った子どもたちは、安心感を奪われている。母親に必死にしがみつく。そうなると、子どもたちは自身が立ち上がって行くための規範がもてない。子どもや若者の自立困難の要因として、母子密着の影響はとても大きい。

母親自身が、自分の生活や命を支えるための核がない。だから、時には子どもへの配慮を怠り、子どもよりも男性に依存する。

芽衣さんの家出は十回は下らなかった。

「負荷がかかり一定の状態になるといなくなりました。「ブレーカーが落ちる」と私たち教員は呼んでいました。その後、一定のスパンで連絡をよこす。長くて一ヵ月、短くて二週間くらいでしょうか。居場所をにおわすメールが届く。それをヒントに探しにいき、名古屋駅の改札で見つけたことがあります。男子生徒と一緒に逃げ出して、母親に連絡が行き、新横浜駅で捕まえたこともありました」

逃げ出した芽衣さんからは、その都度、見つけに来てほしいというサインが送られてきていたのだ。

生活の中でも、芽衣さんの行動にはオンとオフの切り替えがあり、嘘も少なくなかった。「タンスの中からタバコがみつかったり、洗っていない汚いショーツが入っていたり。私の母親が叱ると、覚えていません、分かりませんと答える。腹が立ちました」

実は芽衣さんは高校一年のときに、少年院に入っている。中学三年生のときに仲間と一緒に車を乗り回し、見ず知らずの女子大生を車に押し込め、財布を奪ったという、誘拐窃盗事件を起こしていたからだ。その鑑別の際、解離性の人格障害の疑いがあると言われた。だが、この結果は治療には結びつかなかった。

父親の祐太さんは取材で私に次のように話している。

「解離性障害と言われても、ジギルとハイドのように性格が入れ替わるなんて、ドラマにでてくる、特殊なケースくらいにしか思いませんでした。目の前の芽衣は、おかしくはないですから。そんなことが本当にあるのか、こいつの言い訳やろうと思いました。いろいろな本を読み、そんなことが実際にあるのだと知ったのは、事件の後でした」

大山さんと母親の正江さんは、週一回、学校のプリントと重箱に詰めた手作りの料理をもって少年院を訪ね、芽衣さんに面会した。

関係を作り、生育環境を理解する中で、芽衣さんの混乱した行動が、必ずしも本人の問題だけではないと気がついていく。

「愛情を感じるようになりました。何とか卒業させようと思いました」

## †高校三年の時「いい子」に変わる

大山さんへの取材は、高校時代の芽衣さんが住んでいた理髪店で行った。正江さんは、話が長引くのを見て取ると、手早く料理を作って、お酒と一緒に勧めてくれた。

ニジマスと椎茸の炊き込みご飯、シジミとわかめのみそ汁。キュウリの漬け物。ほっこりと優しい味がした。素材にも調味料にも気を配っている。芽衣さんも、こんな手料理を食べていたのか。大山さんはあるエピソードを語った。

あるとき芽衣さんの指が膿んだ。そのときに正江さんは、自分の魚の目を取るために用意していた手術用のメスを消毒して切開した。大山さんは言う。

「芽衣は「エー嫌だ」と言っていたけれど、母は毎日切って、血膿を出し消毒して絆創膏をとりかえてやった。こういう治療は学校では難しい。何かあったら責任問題ですから。家庭だからできるんです」

正江さんは芽衣さんの話を丁寧に聞いた。「いい子でいなくて、いいんだよ」と言ったら、芽衣さんは大泣きをしたという。

裁判で、大山さんは、芽衣さんは高校三年生になって「人間が変わったかのように」変化したと証言した。家出をすることがなくなり、部活でも熱心に活動した。正江さんのいうこともよく聞いた。正江さんから厳しく仕込まれて、家事技術を身につけた。

芽衣さんの変身は解離的傾向からの回復だったのか。西澤さんはそうではないと言う。

「彼女は、中学時代に非行化したことも、高三でまたいい子になったことも、その理由を自分では説明できない。高校時代の先生の母親は確かに、彼女にとって初めての母親らしい女性との出会いではある。でも、だからこう変化したとは、彼女自身は語らない。思春期の半ばまで母親から放置されてきた子どもが、二、三年ほど母親的なケアを受けたからといって、全てが解決できるとは私は考えない。彼女への聞き取りでも、外的な因果関係で状態が良くなったり悪くなったりしているとは思えない。ころっと悪い状態が良くなったり、良い状態が悪くなったりすること自体が病理なのではないかと思います」

それではこれまでの生育歴のなかで芽衣さんの「治療」は可能だったのか。

「可能だったと思います。芽衣さんはアタッチメント（子どもが親などの養育者に対して形成する強い情緒的な結びつき）の対象がいなかった。治療では、きちっとアタッチメント対象を作ることが重要です。

人は小学校低学年くらいまでは、それぞれの関係の人によって違う自分がいる。それがだんだん、アタッチメントのある人との太い関係の自分に自然にまとまっていく。誰との関係を重視して芽衣ちゃんを育てていけばいいのかが明確になれば、事態は変わった。十代半ばでも間に合います。十分な知識と支援体制があれば少年院時代にそのきっかけは作ることができたのではないかと思う」

## †地元に就職、そして結婚

二〇〇六年三月、芽衣さんは卒業する。就職先は四日市市内の割烹店だった。大山さんが面接に同行して、正社員として就職させた。

芽衣さんには、大山さん親子の支援を受けて、都内で進学したり、働くことも選択肢にはあった。だが、本人が地元に帰ることを望んだ。

大山さんによれば、正江さんには芽衣さんを手元に置いておきたいという気持ちがあったという。

「芽衣は斎藤家の娘。大山家の娘ではないのだから、これからは連絡は最小限にして、親元に帰そうと話し、母を説得した」と大山さんは証言した。

芽衣さんは、割烹店のホール担当として働き始めた。そこでアルバイトをしていた大学生の太田照夫さん（仮名）に出会う。十九歳の恋愛経験に乏しい、幼さの残る、素直な青年だった。それから間もなく、五月八日の芽衣さんの誕生日に恋人関係になる。

照夫さんは初公判の二日目、二〇一二年三月六日に大阪地方裁判所の一〇一大法廷に検察側の証人として証言台に立った。ひょろりとした長身の男性で、黒いスーツに白のワイシャツでノーネクタイだった。大きなマスクをしており、証言台に立つ時だけ外した。緊張しているのだろう、表情はほとんど動かなかった。ちなみに午後出廷予定の実母の緑さんが傍聴席に座っていた。きちんとメイクをして、紺色の上質のスーツを着て、やはり大きなマスクをしていた。

私はこの家族から話が聞きたくて、繰り返し四日市市内の家を訪ねたが、応対に出たのは八十近い祖母と四十代後半の両親だけだった。決して照夫さんに会うことはなかった。亡くなった幼い子どもたちの父親である照夫さんは、まだ、親族に注意深く守られている。そんな印象だった。

法廷で照夫さんは、あおいちゃんの印象について次のように語った。

「運動神経がよくて、好奇心旺盛で、器用な子でした。初めは女の子がほしかった。絵本を読んだり、プールで遊ぶのが好きでした。環が生まれると、おむつをもってきてくれたり、ミルクを飲ませてくれたり、お姉ちゃんぶりを発揮していました」

「環はミルクを一気に飲む、丸々としたかわいい子でした。離れて暮らしているときも、元気にしているか、気になっていました」

地元を歩いた時、照夫さんが休みの日など、子どもたちと一緒に過ごしていた姿について話を聞くことがあった。

この日の午後証言に立った照夫さんの母親の緑さんは幼い孫たちについて、次のように話している。

「あおいちゃんは髪が伸びるのが遅くて、いつも男の子に間違えられていました。あおいは布団を積んだ高いところから、辺り構わず飛び降りるので、危なくてキャッチをしてやりました。二人をお風呂に入れていると、あおいは蛇口から水を飲んで、お腹がぽんぽんになるまで飲みました。あおいは本が好きでした。『いないいないばあ』や『しろくまちゃんのほっとけーき』などを読んでやりました。

環はぷくぷく太って、まん丸い顔をしていました。ミルクをごくごく飲み、ダイナミックなゲップをしました。将来、環は相撲取りになると、家族で笑って話しました」

傍らに子どもたちを置いて育てていた日々が感じられる証言だった。

## †元夫の証言

法廷で、照夫さんは芽衣さんとの出会いを次のように証言した。

「平成十八年四月にバイト先で知り合いました。大学の二回生でした。第一印象は、「おっちょこちょいで放っておけない感じ」でした。一緒にいて楽しい女性で、仕事を真面目にしていました。小さいときに両親が離婚したことも、関東の高校に通っていたことも、少年院に入ったことも聞きました。過去は過去だと答えました」

芽衣さんはこの時点で自分自身について嘘をついていない。

元姑の緑さんは次のように当時の芽衣さんの印象を語っている。

「平成十八年五月初めに初めて会いました。とてもかわいいお嬢さんだと思いました」

「いつもニコニコして礼儀正しかった」

芽衣さんは、それから間もなく、八月に妊娠をした。芽衣さんは言う。

「妊娠するようにしました。早くママになりたかったからです。お嫁さんになりたかったのとは違います。早くママになりたかったのは、昔からです」

心理鑑定をした西澤哲さんは、芽衣さんが良い奥さんになることよりも、良いママになりたいと言ったことに注目をした。

「自分が満たされなかった子ども時代を穴埋めしたいから、乳幼児期の自分を満足させたいからだ」という。

照夫さんは芽衣さんの妊娠を知ると自ら大学を辞め、働き始めた。

「芽衣はつわりがひどくて、それが心配だった。あおいが生まれるのが楽しみだった」(照夫さん)

「妊娠してからあおいが生まれるまで、よく気がつく嫁でした。私には息子しかいないので、芽衣は本当の娘のように思っていました」(緑さん)

芽衣さんの妊娠が告げられた当初、父親の祐太さんも高校時代の恩師の大山さんも出産には反対した。だが、芽衣さんの願いは強く、太田家でも照夫さんが大学を卒業するまで面倒を見ようと言う。祐太さんも最後はそれを了承した。大山さんも結局「授かった命なのだから、産めばいい」と伝えた。

間もなく二人で照夫さんの実家で暮らし始めた。七十代後半の祖母、共働きの四十代後半の両親、二十代前半の照夫さんとその二人の弟たちが暮らす、四日市市の農家だった。

## †「古くから信頼されてきた家」

四日市駅から海を背に三十分ほどバスに乗ると、伊勢平野の一角に広々とした畑や住宅地が広がる地域に着く。周囲には、店も喫茶店もファミレスもコンビニも何もない。海岸線に目をやれば、遥かに赤と白の横縞の数本の高い煙突が煙を吐いている。四日市コンビナートの工場群だ。

私が出会った年配の住民は、太田家の名前を出すと「あそこは地域でも古くから信頼されてきた家だ」と言った。

「なぜ、あんなことになったのかねえ。祖父母の代なら、母親が子育てに困っていると言ってきたら、きっと助けた。そういう家だよ。ただ、私ももう、あの家の親の顔はわかるが、息子たちは道で会ってもわからない。家同士の行き来はないからね」

かつて、支え合ってきた地域の基盤は急速に失われた。祭りなど、地域の行事もない。勤め人中心の親世代は昼間は地域にはいない。その子どもたちは、もはや顔の見えない存在だ。三世代で生活環境は大きく変化した。

畑の中に集落の墓地があった。太田の姓がつく墓石がいくつも並ぶ。墓地の掃除の行き届いている様子から、まだ、地域の墓地として大事にされていることが窺える。

そう言えば、芽衣さんは裁判のなかで、長男の環ちゃんが一歳の誕生日に、元夫やその親族からの連絡がなかったときの気持ちについて問われて、次のように答えている。

芽衣さん「私やあおい、環のことはなかったことにしたいのかなと思いました」

弁護士「彼が太田家の長男であることも影響していると思いましたか？」

芽衣さん「そう、勝手に思っていたところがあります。地域の付き合いもあるし、（家族は）いろいろな接点があって、離婚したことが知られるのは、彼にとっていいことではないとか、そういうことがあるかなと思っていました」

†布おむつと母乳にこだわる子育て

元夫と暮らし始めた時期の芽衣さんは、中学時代の非行仲間の先輩の真名美さん（仮名）と再会している。真名美さんは二人目を妊娠していた。

「芽衣は中学時代とは違って、普通になっていました。旦那さんが全然普通の人なので、影響されたのかなあと思った。顔つきも全然違うし、別人かと思うほどでした」

真名美さんが四月に二番目の子どもを産んだときには、芽衣さんは大きなおなかでお見舞に来た。

「赤ちゃんかわいいなあ。私、産むの、怖いなあ」

芽衣さんは、ニコニコしながら言った。

芽衣さんは、それから約一カ月後、五月八日に二十歳の誕生日を迎え、さらに、一週間後にあおいちゃんを出産した。出産については、次のように証言している。

「陣痛が始まってから二日かかって、すごくしんどかったけれど、出産した時はやっと会えたという気持ちでした。抱っこしているとき、私があおいを抱いているんですけれど、何かわからないけれど、何かに私自身が抱かれている感じがしました」

抱かれているあおいちゃんが、抱いている芽衣さんでもあった。この出産時のイメージを、裁判で西澤さんは大きく取り上げた。

「芽衣さんは、自分をあおいちゃんに重ねている可能性があった」

というのだ。それもまた、子どもたちを置き去りにした時、わが子を人目から隠し通したことに深くつながっていく。誰からも放置されているわが子が受け入れられない。つまり、誰からも放置されていた幼い頃の自分自身を直視できないのだ。

裁判で芽衣さんは、幼い子どもたちの元に帰らなかったのは、二人が嫌だったのではなく、子どもたちの周囲に誰もいないというその状況が嫌だったからだと繰り返し述べている。

価値がないものとして扱われている自分自身を受け入れることは、この上もなく困難なことだ。

だからこそ、男性から愛されている自分をブログで表現しないでいられなかったのだ。ところで、出産後は夫の実家で休んだ。子どもをお風呂に入れるなど周囲が赤ちゃんの世話をする。そのことについて、裁判では次のように言った。

「皆が私の身体を心配してくれていたのですが、あおいを取られたような気がしました」

母親になることに強い思いをもっていた芽衣さんは、子育てに熱心だった。布おむつを使い、母乳にこだわった。子どもの思いに寄り添う母親でもあった。

弁護士が裁判で次のように問う。

「あおいちゃんが泣いて寝ない時はどうしましたか」

芽衣「早く泣き止ませなくてはと思って、添い寝をしたりしたのですが、リビングの方に行ってしまう。遊びたいのかなと思ってテレビをつけておもちゃで遊んだら、すぐに疲れて寝てしまいました。子育ては、こうしなきゃと思うのではなくて、子どもの気持ちに寄り添えばいいというのは、こういうことかなと思いました」

心理鑑定をした西澤哲さんは、公判でこの芽衣さんの行動を「子どもの視点に立った育児ができていた」と評価した。

芽衣さん夫婦は親になる人たち向けの育児教室や妊婦健診、乳幼児健診、育児サークルの活動など公的機関が提供する支援はすべて受けた。若いのにしっかりしていると周囲の評価は高かった。

### †義母との関係は深かった

その後、しばらくして親子三人は、実家から車で十分ほどの菰野町《こものちょう》の2DKのアパートの一階に引っ越した。

夫の照夫さんは、当初派遣会社の社員として、自動車部品を作る会社で働いていたが、間もなく正社員になった。夜勤もあったが、日勤の日は八時までに帰って来た。主婦として芽衣さんが家事を担当し、照夫さんが必ず子どもたちを風呂に入れた。

公判で、芽衣さんに対して激しい怒りを見せた元夫の照夫さんと元姑の緑さんも、結婚当時の芽衣さんの家事育児については、よくやっていたと評価した。

「家事も子育ても頑張っていた。ハンバーグや野菜たっぷりの鍋を作っていました。洗濯もきちんとしていました」（緑さん）

芽衣さんと義母の緑さんとの関係は深かった。

「二日に一日くらいは、家に行ったり、電話をしたりしていました。結婚当時、三日以上会わないことはなかった」（裁判にて芽衣さん）

夫抜きで、ランチや買い物、時には近くの温泉に姑と出掛けた。母の日には花とメッセージを書いたカードを贈った。

「義理のお母さんとの関係は？」と問う弁護士に、芽衣さんはすすり泣きながら答えた。

「本当の自分のお母さんみたいでいろいろなことを教えてもらいました」

「自分の両親との交流は？」

「ほとんどなかったと思います」

　芽衣さんにとって、この時期「母親」は、緑さんだった。芽衣さんにとって長い間、母親に受け入れられ、愛されることが最も強い願いだった。それが義母によって満たされる。さらに、よい奥さんになることよりも、良い母になることを願って意識的に妊娠したという芽衣さんは完璧な母親でありたいという願いが強かった。

　ただし緑さんは息子の嫁が内面に抱えたバランスの悪さに無頓着だった。芽衣さんの弁護士に「なぜ、被告人は証人に対して親しくしていたと思うか」と尋ねられ、「信頼してくれていたのだと思います」とだけ答えている。

　芽衣さんは家庭の主婦として子育てをしていた当時、地元の仲間も積極的に作っている。町の子育てサロンに顔を出し、ママサークルの立ち上げにも参加した。隣家の若い家族とは挨拶を交わす程度で、交流はなかったが、家にはママ友仲間が集まった。

　出産時、病院を訪ねた真名美さんとはママ友としてつき合った。真名美さんは言う。

「旦那さんの夜勤があるので、大変、大変、と言いながら、ちゃんと子育てをしていた。

一緒にランチを食べるときも、あおいちゃんをよくあやしていたし。自分の親とも、向こうの親ともうまくやっていたと思う」

芽衣さんは、あおいちゃんにかわいい服を着せて、写メールもよく撮った。

真名美さんが見せてくれた写メールは、その年の夏頃だろう。生後三、四カ月のあおいちゃんを抱く芽衣さんと、一カ月ほど年長のはずの子どもを抱く真名美さんが写っていた。芽衣さんはストレートヘアを栗色に染めてナチュラルメークの幼顔。事件当時、テレビで繰り返し流れたキャバクラ嬢時代の映像とは結びつかない。ギャルママという言葉とも縁遠そうな、幸せそうな若い母親だ。虐待の大きな要因である「社会的孤立」とは無関係な日常だった。

## †幸せで安定した日々

暮れもおしつまって、結婚式が執り行われ、双方の家族や親戚、友人が集まった。祐太さんの高校の教え子のKさんは、この結婚式の後、祐太さんが「これで安心だ」と口にしたのを覚えている。

祐太さんは取材で、二人の結婚式を振り返って、次のように言った。

「絵に描いたような幸せな若い夫婦で良かったなと思いました。そして、やっと子育ての苦労が終わったと思いました」

この年の暮れ、芽衣さんは一年を振り返ってブログを書いている。

「まず、五月八日にハタチになったこと。なんか嬉しいような少し悲しいような。

少女でもなく、大人でもない十代後半はほんとにあっという間だったけど、私の人生の中で何かが変わった瞬間だった気がするもん」

一月二日のブログには「たくさん料理を旦那ママから習って楽しく楽しく生活ができたらな」と一年の希望が書かれた。

ブログで見る限り、父親との関係も良好だ。芽衣さんは一月十三日の成人式の前日に父親に電話をする。

「え？　明日成人式？　うそ？　忘れてた」と言われた。少し傷つき、でもそれを深刻に受け取らない、と書く。芽衣さんは父の関心や愛を求め、しかし、思い通りには与えられないと諦めていた。

さらにたわいない日常の記述が続く。部屋を汚してしまうあおいちゃん。電話で具合が悪いと言ったら、きんぴらごぼうをもって様子を見にくる姑。久しぶりに夫と喧嘩をして、姑に愚痴を聞いてもらった。

「息子の悪口を言われているママは一体どういう気持ちなのでしょう。でも一緒に納得してくれるママに乾杯。いけてるー」

夫と一緒にテレビで大相撲大阪場所の千秋楽、朝青龍戦を観戦する。描き出されるのは、幸せいっぱいの世界だ。

三月半ばに二人目の妊娠がわかる。この時期、自分自身の内側を覗き込むような文章もある。

「太田芽衣という人間はほんとはとっても根暗ーずでしょうもない人間やと心底思います。どうしようもない人間ってこういうやつです！　くらいに。だからそんな芽衣を知られてしまったらきもいって思われたり嫌われたりするんがむちゃ怖かったんですよ」

他者から拒否され、嫌われることへの怯え。人が「選別されるべき存在」となった現代社会で、社会の一員になり切れないと感じる若者たちが当たり前に抱える感情を芽衣さんもまた深く抱えている。

みんな、悩んでることや、抱えていることたくさんあるけれどもその気持ちを

100％わかってあげられる人なんてなかなかいないと思うんだ。だって、その人じゃないからね。でも、わかってあげたい！　と思うひとはいると思う。少なからずわたしはその友達に対して思う。

（略）

もっともっとまわりを信じて、自分の信頼できる人に泣きついてみるのもひとつの手段だと思う。

（略）

なんてえらそうに言っているわたしもなかなか人に泣きつくなんてできましぇん。

（略）

でもこうやってブログにいろいろ書くことで少しは、いや、かなり気分もスッキリしています。3年前の、去年の、昨日の自分よりは少しは大人になれたかな。

（略）

今日の日記は忘れてください。わたしのことばなんて地球のあらゆる問題に比べたらおならみたいなもんです。では安定している日々には、周りに泣きつくことが生き延びるために必要だと確信できるだけの知恵はもっていた。

### 頑張り過ぎる母親たち

もっともブログに日常がありのまま書かれていたわけではない。一切触れられていないが、この年の三月下旬には、母校の高校の大山先生が、ラグビー部を率いて父の高校に合宿に来ていた。

芽衣さんは生後十カ月のあおいちゃんを連れて参加した。あおいちゃんは、そこに参加していた父、祐太さんの恋人が抱いていたり、父自身が肩車をしたりすることもあった。

二泊三日の合宿の食事作りは、ラグビー部の母親たちが引き受けていた。朝四時から学校の調理室で朝食作りが始まる。親たちに混ざって、芽衣さんは髪を一つに縛り薄化粧で働いていた。食事ができれば部員や監督、コーチたちが食事するのを待って、ようやく母親たちが食べる。芽衣さんも最後に母親たちと食事をした。

さらに、練習中は女子生徒マネージャーたちと一緒に、選手の給水のために水を下げて、グラウンドを全速力で走り回った。打ち上げの席では挨拶をした。

「お父さんのために尽くしているという印象がありました」

とこの時の様子を知る人は言った。

それだけではなかった。うまく上達せず、斎藤監督に怒鳴られていた生徒の一人に「一生懸命頑張っているんだから、それでいいよ」と声を掛けたのはこの時だ。少年は、その優しさを長く心に留めた。

こうした声の掛け方は、高校のラグビー部時代に身につけていたものだろう。

芽衣さんは二泊三日の合宿を完璧な形で過ごした。周囲の大人たちはそこに成長を感じ取ったのかもしれない。だが、生後十カ月の乳児を抱えた、妊娠初期の女性にとってそれは、頑張り過ぎのように思える。

芽衣さんは自分を守る力を持っていたのかどうか。周囲の期待を敢えて無視すること。それは、時にはわが子を守ることでもある。

それが芽衣さんにはなかった。

二〇〇〇年、武豊町で三歳のわが子を餓死させた母親の雅美さんも頑張る母だった。娘が生後一歳九カ月で硬膜下血腫を起こして入院したとき、四十日近い入院期間中、妊娠していたにもかかわらず、一人で泊まり込み面倒を見た。夫が泊まりに来る夜は簡易ベッドを明け渡し、固い床にバスタオルを敷いて寝た。夫の慎ましい収入で　二人目の子どもが生まれてやっていけるよう計算し、家計簿をつけた。

だが、過剰な頑張りは長くは続かなかった。

五月十六日、あおいちゃんの誕生日を家族で祝った。あおいちゃんは、芽衣さん、照夫さん、その両親、祖母に囲まれ、ろうそくを一本立て、あいちゃんが好きなキャラクターを乗せたケーキを前に幸せそうに笑っていた。

第四章

# 離婚

## †理由のない浮気

二〇〇八年十月十六日、芽衣さんは長男、環君を出産する。あおいちゃんは、第二子の出産を理由に、近所の保育園に預けた。保育園からあおいちゃんが下痢をしたと連絡があれば、翌日には医者に連れて行った。子育ては丁寧だった。あおいちゃんにお洒落な服を着せ、育児を楽しんだ。あおいちゃんは表情豊かによく笑った。

だが、環君が生まれて間もなく、人間関係のトラブルでママサークルを抜ける。小中学校時代の独身の女友達と遊ぶ機会が増えた。

この頃を振り返って、芽衣さんは、あまり記憶がないという。

「家族四人が一緒にいるという感覚がなかった」と述懐している。

子どもたちを照夫さんに預けて、月に一、二回、一人で出掛けるようになった。二月には中学時代の同窓会に出席した。この頃から、DVDを借りにいったまま帰らない、トイレに長時間こもって出てこないという行動が頻繁になった。

照夫さんが芽衣さんの携帯を見ると、実母の名前で登録されている番号が違っていた。その番号の持ち主には心当たりがあった。結婚式の二次会に来ていた男性で、家にも遊びに来たことがあった。浮気を疑った。

三月に入って問い質すと芽衣さんは「相談事があって、隠れて連絡を取っていた。浮気はしていない」と言った。「信じられなかったですが、証拠がないので信じるしかありませんでした」（裁判での照夫さんの証言）

照夫さんはこのとき「相手の男性には会わないこと。家族同士での隠し事は止めてほしい」と伝えた。

「小さい子どもがいるので、離婚するつもりはありませんでした」

芽衣さんは裁判で、浮気を認め、相手の男性に好意があったと語った。だが、浮気の理由を問われて「わからない」と答えている。

西澤さんは、理由のない浮気にも、芽衣さんの解離の影響を見ている。

「芽衣さんの場合、状況が良くても状態が長続きしない。結婚当初、そこそこ良い状況だったのに自分から壊してしまう。それが彼女の特徴なのだと思います。良い状態であっても耐えられず、悪い芽衣さんが出て来て、浮気をしたり、子どもを置いて家出をしたりする。彼女の深い病理として、良い芽衣さんと悪い芽衣さんがいて、一定の状態が長続きしない。交替して出てくるのだと思う」

元夫の証言によれば、この時期も芽衣さんは育児はしっかりしていたという。祐太さんのラグビーの試合にも二人の子どもを連れて応援に行っている。環ちゃんは生後五カ月。首が据わり、離乳食が始まる頃だ。あおいちゃんは一歳十カ月。芽衣さんの携帯電話をおもちゃ代わりにして、話しかける仕草がかわいかった。もっとも、祐太さんはこの頃、あおいちゃんの言葉が遅いと周囲に漏らしている。

芽衣さんは、あおいちゃんにきちんと話しかけ、応答のある育児をしていたのかどうか。

浮気については、夫婦で話し合ったが、芽衣さんの行動は変わらなかった。友達と食事に行くと言いながら、同じ時間に別の場所に行ったことを示す高速道路のレシートが家の中に落ちていた。SNSでは相手の男性に「好きだ」と書いたメールを送る。

それを指摘すると、芽衣さんは相手の男性と堂々とメールの交換をするようになった。それにもかかわらず、浮気はしていない。肉体関係はないと言い張る。照夫さんはとうとう相手の男性に電話をした。相手は浮気の事実を認めた。夫婦関係は最悪だった。

五月に入って間もなく、照夫さんは母親に相談した。母の緑さんは法廷で次のように言った。

「びっくりしました。え、嘘と。どうしてそうなったのか。子どもが小さいですから、一緒に頑張ってくれないかと思いました」

## †子どもを放置して出奔

五月八日は芽衣さんの二十一歳の誕生日だった。前日、家族で食事に行こうと約束した。だが、時間になっても芽衣さんは帰ってこない。帰宅は翌朝になった。激しい口論が起きた。

弁護士「その時、彼に何か言われましたね」

芽衣さん「『今からお母さんが来るよ』と言われました」

弁護士「それでどうしましたか」

芽衣さん「頭の中が真っ白になり、逃げ出しました」

芽衣さんは、姑に事実を知られ、逃げ出した。子どもたちを置いて家を出たのは五月十日。夫には実母のところに行くと言い残した。

「お金は持っていませんでした。なぜ、子どもたちを置いていったのかはわかりません」（芽衣さん）

この日芽衣さんは浮気相手の家には行かなかった。友達の家を転々とした。夫に浮気を責められること以上に、義母の緑さんに否定的に見られることを恐れていたのか。

行方を探していた照夫さんは、芽衣さんの妹との電話で、彼女が実母の元には行っていないことを知る。浮気相手の元にいると信じ込んだ。

父親の斎藤祐太さんが芽衣さんが子どもを置いて家を出たことを知るのは、照夫さんからの電話だった。祐太さんは法廷で次のように言った。

「寝耳に水でした。環が生まれてからも月に一、二回遊びに来ていました。そんなに仲が悪そうにも見えなかった」

この時祐太さんはフラッシュバックに襲われた。かつて合宿から忘れ物を取りに戻った夜、妻が見知らぬ男と寝ていた姿が思い出され、当時の激しい怒りや苦しみがよみがえった。芽衣さんがかつて自分を裏切ったその母親に重なって見えた。

早急に対応が必要なのは、幼い子どもたちの世話だった。照夫さん宅に曽祖母はいたが、祖父母は共働きだ。両家の話し合いでラグビーの試合がある土日は照夫さんの実家で、平日は祐太さんの家で育てることになった。祐太さんは託児所を見つけると、毎朝子どもたちを送っていった。

毎年五月にある高校総体ラグビーの県大会で、F校は十六年ぶりに準決勝で敗れ、優勝争いに加われなかった。

祐太さんは試合後、生徒たちを前に、ふがいない闘いぶりを責め、「俺は仕事を辞めて、大阪に帰って、父親と芽衣が置いていった赤ん坊の面倒を見る」と言って、叱りつけた。

ところで浮気相手の男性は、芽衣さんに夫や子どもがいることを知っていたはずだ。だが、苦境に陥った芽衣さんを助けることはない。

こうした状況の下、家族は芽衣さんが消費者金融から約五十万円の借金をしていたこと、照夫さんが会社から預かっていた二十万円がなくなっていたことなどを知らされる。家族の怒りは極まった。

芽衣さんは借金について法廷では「生活費に使った。生活費が足りないという相談は夫にはしなかった。相談すると良い奥さんだと思われないと思ったから」と証言している。良い奥さんだと見られることが大事だった。困難で惨めな自分の姿を認めることができない。

## †離婚があっけなく決まる

五月十六日、芽衣さんから照夫さんに、家に帰るという連絡があった。あおいちゃんの

でいた。

だが、芽衣さんが家に着くと、照夫さんが、両親、祐太さんとその交際相手を家に呼んでいた。

「びっくりしました。知らないうちに家族会議が始まりました」（芽衣さん）

照夫さんは親たちを呼んだ理由について次のように述べた。

「芽衣には約束をしても繰り返し破られてしまう。第三者に助けてもらい、きちんとしたいと思いました」

この時点で、照夫さんには離婚の意思はなかった。話し合いでは当初「やり直したい」と言ったという。「やっていけない」と口にしたのは芽衣さんだった。

弁護士「なぜ、やっていけないと言ったのですか」

芽衣さん「皆に責められていると感じて、その場から逃げ出したかった」

弁護士「その後、どうしたのですか」

芽衣さん「照夫さんの両親から、「やっていけないと言う人とはやっていけないぞ」と言われました」

弁護士「それで離婚ということになったのですか」

芽衣さん「はい」
弁護士「あなたのお父さんは何と言いましたか」
芽衣さん「覚えていません」
弁護士「あなたは離婚したかったのですか」
芽衣さん「したくありませんでした」
弁護士「その気持ちを伝えましたか」
芽衣さん「何も言えませんでした」

その場の雰囲気は、どのようなものだったのか。祐太さんの法廷での証言は次のとおりだ。

「(照夫さんの実家側は) 最初から早く別れてくれという姿勢で、話し合いの余地はない。離婚ありきという頑な姿勢だと思いました。照夫君は黙っていました。お父さんが話をして、お母さんがお父さんに代弁してもらっているという感じでした」

祐太さんはさらに次のように証言した。

「私はそこで、待ってくださいとは言えませんでした。私も芽衣が子どもを放ったらかしにして家を出たことは許せない。浮気は許せない。借金がある。言い訳の余地はありませんでしたから」

芽衣さんの姿が、元妻に重なり、冷静に娘や孫を守る立場に立てなかった。

元姑の緑さんは公判で、この離婚の話し合いの時、芽衣さんが照夫さんのことを「きもい」と言ったと証言した。

「息子はやり直したいといいました。それなのに、芽衣は照夫を「きもい」と言いました。実の息子が芽衣に「きもい」と言われる。ショックでした。だめなのかなと思いました」

芽衣さんは公判で、「「きもい」と言ったかどうか覚えていない」と語った。

離婚の話し合いの席で、最も重要なはずの芽衣さんと照夫さんの本心を聞き取ろうとする姿勢が大人の側には希薄だった。

そんな話し合いの末、離婚があっけなく決まった。話題は子どもたちをどうするかに移った。

芽衣さん「私には育てられないと言いました」

弁護士「どうしてですか」

芽衣さん「今まできちんと働いたことがないし、皆の協力があったからやってこれたことはわかっていたので」

弁護士「それがなぜ引き取ることになったのですか」
芽衣さん「母親から引き離すことはできないと言われたからです。その場にいた皆に言われた気がしました」
弁護士「どう思いましたか」
芽衣さん「育てられないということは、母親として言ってはいけないことだと思い直しました。自分はひどいことを言ったのだと思いました」
弁護士「それで言い直したのですか」
芽衣さん「私は自分が育てるとは言えませんでした」
弁護士「どういうやりとりだったのですか」
芽衣さん「その辺のことはあまり覚えていません」
「母親は自分は子どもが育てられないと言ってはいけない」という価値観が深く埋め込まれた。
芽衣さんはこれまで、母親とは何かと自分自身で考え抜いたことはないのだろう。価値観は、自分で組み立てるものではなく、外から与えられるものだった。
社会経験に乏しい若い母親が、経済的に自立して、たった一人で二人の幼い子どもたちを育てることはとても難しい。母親だって苦しいときは子どもを人に預けてもいい。自分の実感を補強する考え方や知恵に支えられ、価値観が生まれる。だが、芽衣さんはそれを言葉にすることはできなかった。自分の感覚は信じられない。

黒々として、深い穴のような自信喪失がそこに生まれた。

## †悲劇の遠因

元夫の照夫さんは次のように証言している。「経済的に考えれば、私が引き取った方がいいかなと思いましたが、芽衣が引き取りたいと言ったので、そのほうがいいと思いました。芽衣は、無理だ、引き取れないとは言いませんでした。私も両親も子どもを引き取るつもりはないと言ったことはありませんでした。正直、芽衣が育てることに不安はありました。でも、芽衣の母親にお世話になることになり、安心していました。電話で確認を取りました」

いつの間にか、話し合いの席にいない、芽衣さんの母親が子育てを手伝うことで話はまとまった。

この時照夫さんはわが子を預けるというのに、芽衣さんの母親がどのような人物で、子育てができる状態にあるのか確かめた形跡がない。芽衣さんの母親の抱える問題を知らなかったのか。

裁判では、照夫さんが本当に離婚を望んだのかはわからなかった。だが、家族が解体する危機を前に、親の言葉にスッと従った。

裁判で語られた両家の話し合いの席のニュアンスは大きく異なっていた。

付け足せば、祐太さんにはラグビー部の監督としての激務があった。祐太さんの交際相手も話し合いの場に同席していた。祐太さん側からも子どもを引き取るという声は最後まで上がらない。

離婚が決まったこの話し合いの席で、養育費や、父親との面会をどうするかといった、子どもの権利や安全についての話し合いは一切なかった。子どもにとって何が一番幸せなのか、という視点で言葉が交わされた形跡はない。

実際、一審判決では、西田眞基裁判長は次のように発言している。

「被告人が離婚して子供らを引き取ることが決まった際、子供らの将来を第一に考えた話し合いが行われたとはみられず、このことが、本件の悲劇を招いた遠因であるということもでき、被告一人を非難するのはいささか酷である」

話し合いが始まったとき、〇歳と二歳の幼い子どもを抱えた二十二歳と二十三歳の若い夫婦は、離婚をすることなど一切考えてはいなかった。だが、終わったときには離婚が決まり、自分は育てられないという声を封じられた芽衣さんが子育てを引き受けることになっていた。幼い子どもたちは、その場にいない、芽衣さんの実母の支援を受けることが決まっていた。

緑さんは、話し合いが終わって帰ろうとした時、息子から「芽衣から話があるから残ってほしい」と頼まれた。芽衣さんが一番話がしやすい相手が、照夫さんだったのだ。

検察官「芽衣さんには何といわれたのですか」

緑さん「お母さん、あおいと環のおばあちゃんは一人ですから、これからも頼みますと言われました。複雑な気持ちでした。私は芽衣を娘のように思っていました。嘘をつかれ、裏切られ、複雑な気持ちにさせられました」

言葉を奪われた芽衣さんの、子どもを何とか育てて行きたい、助けてほしいという精一杯の意思表示に見える。芽衣さん自身はこの時点で、実母には子育ての手助けが頼めないことは、わかっていたのではないか。

その後、緑さんが孫に会うのは、たった一度だけだ。

## †「母親の責任」という価値観

二〇一二年三月八日、一審の公判で証言台に立った芽衣さんの父親の祐太さんは思いがけない証言をする。二週間前に、長い間着ていなかった上着のポケットから離婚の話し合いの席で芽衣さんが書いた誓約書が出てきたというのだ。具体的な内容が明らかになったのは、二〇一二年九月十二日に行われた控訴審初日のことだ。二審（森岡安廣裁判長）の主任弁護人は鈴木一郎氏。一審の主任弁護人だった松原拓郎氏と弁護団を組んだ。

誓約書の内容は次のようなものだ。

・子どもは責任をもって育てます。
・借金はしっかり返していきます。
・自分のことは我慢してでも子どもに不自由な思いはさせません。
・家族には甘えません。
・しっかり働きます。
・逃げません。

・うそはつきません。
・夜の仕事はしません。
・連絡はいつも取れるようにします。

家族に頼る退路を断つような内容だ。

鈴木弁護士とのやりとりは次のようなものだった。

弁護士「これは自分の意思で書いたものですか」
芽衣さん「違います」
弁護士「どうして書くことになったのですか」
芽衣さん「子どもを育てることになり、契約書を書いてと言われました。誰が言い始めたことかわからないです。そこにいた皆から言われた気がしました」
弁護士「それに逆らうことはできましたか」
芽衣さん「できませんでした」

その場に流れていたのは、子育ては母親が責任を負うべきものであるという強烈な価値観だった。さらに子育てには制裁の意味合いさえあったように感じられる。

繰り返しになるが、この日、養育費についてや幼い子どもたちと父親の面会についての話し合いは一切なかった。太田家にとって、二人の子どもたちはどのような存在だったのだろう。

私が繰り返し太田家を訪ねていた頃、子どもたちの祖父である聡さんに直接、なぜ、芽衣さんが幼い二人の孫を抱えて水商売をしていると知りながら引き取ると言わなかったのかと尋ねたことがある。

「子どもたちを引き取るといえば、親権を芽衣に渡したのに、話がおかしくなる」と若い祖父は少し怒りを含んだ声で言った。太田家では、誰の子どもであるかが、誰が育てるのかを決める重要な要素だった。

さらになぜ、養育費を払わなかったのかと尋ねたところ、「それぞれの家にはそれぞれの事情がある」とだけ答えた。

また、公判では祖母の緑さんは「育てられないなら、子どもたちを庭先においていってくれたらよかったのに」と述べた。同じ内容が法廷で朗読された祖父の聡さんの上申書にもあった。

なぜ、母親の芽衣さんが自分では育てられないと思ったなら、そこに子どもたちの父親との話し合いが生まれないのか。この祖父母の発想にも、子どもたちが「誰のものか」が重要なのだと感じられた。

### †自分を丁寧に語ることができない

話し合いの翌日、芽衣さんと照夫さんは一緒に町役場に離婚届を出しにいった。一両日前には、若い夫婦に離婚の意思はなかった。だが、離婚が決まったのであれば、離婚届を出すことに一刻の猶予も許されないのか。

その帰り道、二人は子どもたちの養育を頼むため、芽衣さんの母親の上杉礼子さんを訪ねている。礼子さんは当時、再度離婚して一人で暮らしていた。

この時礼子さんは、「養育費はどうなるか」と照夫さんに尋ねている。公判での芽衣さんの証言。

「「照夫さんが払えませんときっぱり言ったので、びっくりした」と母は言っていました」

照夫さんは裁判で、養育費を渡さないつもりはなかったとして、次のように答えている。

「金遣いが荒い芽衣に渡すことにはためらいがあった。子どもたちにいつか渡したいと思って、毎月お金を貯めてきた。事件前には百万円近いお金が貯まっていた」

裁判長が「いつの段階で役立てようと思ったのか」と尋ねると「学校に入ってお金がかかるときなどに渡せたらなと思った」と答えた。また芽衣さんの金遣いがどのように荒いのかと尋ねられて、「冷蔵庫に食材が残っているのに新しいものを買う」と答えている。

離婚が決まった話し合いの時点で、今後、芽衣さんと子どもたちがどこに住むのか、決まっていなかった。離婚を決めたばかりの二人は、この日家族で、菰野町のアパートに戻った。夜は、いつものように協力して幼い子どもたちを風呂に入れることになった。だが、夫と子どもが風呂に入っている間に、芽衣さんは家を飛び出してしまう。芽衣さんは言う。

「なぜ、家を出たのか分かりません。あまり考えずに出てしまった。着替えやお金はもっていませんでした」

照夫さんは次のように証言した。

「ついさっきまで子どもを引き取りたいと言っていたのに、理解できなかった。意味がわからなかった」

自分を丁寧に語ることができず、耳を傾けてもらえないまま離婚が決まった。さらにこの日、母親を訪ね、彼女の不安定さ、頼れなさを改めて実感している。子ども二人を引き取って、元夫の経済的な支援もなく育てていくことがどれだけ困難なことか、一番わかっていたのは芽衣さんだろう。その深い怯えを語る力がない。元夫をはじめ周囲は芽衣さんの不安をどの程度理解していたのか。

## †まるで厄介な荷物のよう

この時芽衣さんが向かったのは滋賀県下、大学生になっていた中学時代の同級生男性の下宿先だった。浮気相手の男性ではない。浮気相手は困難に陥った時に頼れる相手ではなかった。

裁判でなぜ、滋賀県の男性の元に向かったのかと尋ねられて芽衣さんは「地元から離れたかった」と証言している。「照夫さんと子どものことは考えなかったのか」と問われ、次のように答えた。

「つらかったから考えないようにしていた。あおいや環の気持ちを考えるとひどいことをしている。自分が嫌でつらかったです」

裁判では、検察が「戻れば（つらい気持ちが）解消されるとは思わなかったのですか」と尋ねている。芽衣さんは「そんなことは考えませんでした」と答えた。

一週間後、芽衣さんは自分から照夫さんに連絡をして、「今から帰る、二人で話したい」

と告げる。芽衣さんが本音を語り、向き合うべき相手はまず照夫さんだ。この判断は現実的だ。だが、元夫は自分の両親と芽衣さんの父親に連絡した。

「これ以上、自分勝手に周りを振り回すのが嫌でした。私一人ではどうしようもできない。家族に助けてほしかった」（照夫さん　法廷にて）

芽衣さんがアパートに戻ると、部屋には夫と子どもだけではなく祐太さんがいた。そこに夫の両親と祐太さんの交際相手が入って来た。祐太さんは娘を殴った。

祐太さんは取材の時、これまでに娘を殴ったのはこの時を入れ、二度だけだと語った。もう一度は、中学時代に警察に補導され、その態度が悪かった時だという。

もっともこの時点で、祐太さんは状況を正確に把握していたわけではない。公判での証言によれば、裁判での娘の証言を聞くまで、芽衣さんは浮気相手の男性の元に行っていたと信じていたという。

話し合いが始まって間もなく、照夫さんは仕事に出掛けていく。家族たちがそれを認めた。夫との対話を望んだ芽衣さんの願いは顧みられなかった。

その後の話し合いで、幼い子どもたちと芽衣さんは、祐太さんと照夫さんが同行して、滋賀の男性の元に連れて行かれることになった。照夫さんは、この男性が妻の浮気相手とは別人だと理解していた。見知らぬ男性の元に幼いわが子を置いて行く。「よく考えてくれ」という気持ちだったと公判では証言したが、わが子の安全や幸せはどこか他人事だ。

孫を見知らぬ男性に預けることを心配する祖父母もいない。この日が、父方の祖父母が孫と顔を合わせた最後だった。

滋賀県の学生に、その下宿先で会ったとき、祐太さんは「子どもの籍を入れる気があるか」と問いただした。その迫力に気圧されたのか、男子学生は「あります」と答える。だがミルク代も残さずに二人の男性が帰った後、「現実的に考えたら無理だ」と芽衣さんに断った。

芽衣さん自身、なぜ、自分が滋賀に連れて行かれたのかわからないと法廷で答えている。芽衣さんと子どもはまるで厄介な荷物ででもあるかのようだ。

## †親からの支援は命綱

二、三日その場にいて、芽衣さんは実母に電話をした。母は「電車賃があったら三人で来なさい」という。親子三人で桑名市に一人で住む礼子さんの元に向かった。

六月一日、芽衣さんは桑名市に転入届を出し、保健福祉部子ども家庭課に児童扶養手当を申し込んだ。五月十七日に菰野町に離婚届と転出届を提出した時、転居先で児童扶養手当の手続きをするようにと助言を受けていたのだ。だが、この時点で芽衣さんは母親の元に長くいるつもりはなかった。

公判で次のように答えている。

芽衣さん「私の勝手ですが、母のところには、ずっといられないと思っていました。母は私やあおいや環と一緒にいるのは、無理だと思っていました」

弁護士「なぜですか」

芽衣さん「性格が不安定だからです。早く家を出なければと、寮付きの住み込みの仕事を探しました」

弁護士「それで、一週間もしないうちに家を出たのですね」

芽衣さん「はい」

家を出る時、母親は泣いて反対した。少し、喧嘩のようになった。

芽衣さん「また、芽衣がまたどこかにいってしまう。あなたがまた、（人に）取られてしまうと言っていました」

芽衣さんは結婚当時、実母よりも義母に頼っていた。実母には、ようやく戻ってきた娘という意識もあったのか。

さらに裁判にて。

弁護士「お母さんが泣いて反対したのはどうしてかわからなかったのですか」

芽衣さん「わからないです。どうして母が止めるのかわからないし、母のところにいることはできない。家を出て行かなければならないと思っていました」

弁護士「お母さんが親身になっているとは思いませんでしたか」

芽衣さん「心配して止めている、親身になっているとは思いませんでした。どうして止めるのか全然わからなかった」

芽衣さんは母の元にいることが、自分の安心につながると思うことができなかった。

子どもにとって母親の支援は有益とは限らない。社会的な力をもたない母には、わが子だけが力を及ぼすことのできる対象だ。母はわが子に過剰に世話を焼いたり、言うことをきかせたりすることで、自分の力を確認する。子どもたちは自立する力を奪われる。

そんな時、子どもたちはむしろ母親から離れたほうが安定する。そのことを芽衣さん自身は知っていたのか。

その一方で自立する力が弱い子どもたちには、確かな大人からの適切な支援は不可欠なものだ。

芽衣さんの中学時代の非行仲間の女性たちのほとんどが十代で結婚し、子どもをもった。そのうち離婚しなかったのは十人中一人程度だ。私が出会った、唯一離婚しなかった女性は次のように言った。

「私も何回も離婚しようと思った。でも、お母さんに「せめて子どもが大きくなって、自分の意思で父親か母親かを選べるようになるまで待ちなさい。私も頑張ってきたんだから」といわれました。そう言われると弱い。お父さんはお母さんにとっていい夫ではありませんでしたから」

この女性の母親は、子育てをする娘を助け、病院に連れて行くタイミングやおむつかぶれの対処法など、現実的な知恵を教えた。「だから、離婚しなかった」と、女性は言った。その間に夫は正社員になった。

つまり幼い子どもを抱えた、若い、自立する力が乏しい家庭にとって、親の物心両面の支援は命綱だ。芽衣さんは母親からは逃げ出したものの、その命綱から切り離されようとしていた。

## †行政の対応

ところでこの事件で、行政の対応は十分なものであったのか。

芽衣さんは、五月十七日夫とともに菰野町役場を訪ね、離婚届と転出届を提出した。この時、転居先で児童扶養手当の手続きをするようにと助言を受けている。

六月一日、芽衣さんは桑名市に転入届を出し、保健福祉部子ども家庭課に児童扶養手当を申し込んだ。だが、前年、無収入だったことを証明する収入証明を揃えていなかったため、受理してもらえなかった。

この時市の職員は、芽衣さんは書類を整えたらすぐに手続きに訪れるだろうと考えていた。だが現れない。三ヵ月後の八月末、手続きを完了してほしいという文書を送付した。だがそれは「宛てどころに尋ねあたりません」と判を押されて戻ってきた。

事件発覚から半年後、私は桑名市を訪ね、話を聞いた。担当者は次のように言った。

「扶養手当の手続きを途中で放棄するということはほとんどないですね。子どもが二人いれば子ども手当と合わせて一ヵ月、六万六七一〇円。それが四ヵ月分ですから二五万円を超える。すぐに書類を揃えて来るのが普通です。滅多にないケースだったので、ずっと気になっていました」

私は芽衣さんの足取りを追うなかで、行政の担当者から「滅多にないケース」という言葉を繰り返し聞いた。

桑名市には、気がかりな子どもをワンストップで扱う、子ども総合相談センターがあった。保健福祉部子ども家庭課から通知が戻ったと報告を受けたセンターは、民生委員に依頼をして、住民票が置かれている場所を訪ねてもらった。すると、そこは事務所で、幼い子どもを抱えた母子家庭が暮らしている様子はなかった。同市では、翌、二〇一〇年五月十三日頃、中央保健センターが同じ住所に環ちゃんの一歳半健診の通知を出している。このときも「宛てどころに尋ねあたりません」と判が押されて戻ってきた。保健センターの担当者は言う。

「健診の未受診はありますが、「宛てどころに尋ねあたりません」と書類が戻ってくることは滅多にありません。未受診なら、再受診のはがきを出して、それでも来ない場合は、電話を掛け、訪問します。このときも保健師が家を訪ねましたが、行方はわかりませんでした」

保健センターはその旨を子ども総合相談センターに報告し、対応を終えた。滅多にない出来事が、芽衣さん家族をめぐって二度あったわけだ。だが、その後行政が積極的に子どもたちを探すことはなかった。事件が発覚するまで親子の住民票は桑名市に残されたままだった。

### †消えた子どもたち

事件発覚後に毎日新聞が行った調査によると、出生届が出ているのに乳児健診を受けず、行政が所在を確認できない子どもは〇歳から三歳までで、日本全国に三五五人いた。その多くがＤＶにより、住民登録先を変えないで逃げている親子、あるいは、届け出をしないまま母国に帰った在日外国人たちだ。だが、それ以外にも行方がわからない子どもたちがいることが判明した。

全国の児童相談所で「児童虐待の恐れがある」として、保護者に改善指導中に、転居などで行方がわからなくなったケースが〇九年度で一七三名だ。年内に四分の三は見つかったが、四分の一の行方はわからないままだ。

仕事の非正規化が進み、勤め先を短期間で変わる。男女間の性が流動化する。自身の親や親族との関係が希薄化する。子連れの若い母親が出会った男性や友人や知人の家を転々とする。

桑名市の保健福祉部子ども家庭課の担当職員は、私に言った。

「いなくなった子どもを探し出すことは、一つの地方自治体では無理です。ネットワークのようなものが作られなければ」

地域を越えての連携がなければ、移動する家族に関する情報は公的機関に集積していかない。だが「宛てどころに尋ねあたりません」と判が押されて書類が返ってくることが「めったにないこと」であるのなら、アンテナの感度をあげて、もう一歩踏み込むことはできなかったのか。

### †所在不明の子どもをどう把握するか

花園大学社会福祉学部の津崎哲郎教授は、大阪市社会福祉審議会児童虐待事例検証部会の部会長としてこの事件の検証を行ったが、次のように語る。

「所在不明で児童扶養手当が渡せていないのならば、実家を探して聞く以外ない。「お金を渡せていないのですが、所在をご存知ありませんか？」と。住民票と戸籍があれば実家は探せます。行政の虐待防止に関する業務は申請主義ではありません。相手にニーズがなくても動かなければいけない。そこが二〇〇〇年に虐待防止法ができて仕事の質が百八十度変わった点ですが、まだ現場は慣れていません。人や予算の具体的な手立てがない。動ける手立てをもたないと、形だけになってしまいます」

芽衣さんの事件を受け、厚生労働省は二〇一二年十一月三十日に全国の市区町村に、「養育支援を特に必要とする家庭の把握及び支援について」として、居住実態のわからない家庭に対して、住民基本台帳や戸籍をつかって親族や近隣住民に情報収集を行うことを要請する通達を出している。所管の児童相談所や、家庭の移転先の児童相談所、市区町村と連携をして安全確認をすること。それでも実態がわからない場合には警察に相談することとしている。住民票に載っていない子どもを発見したときには、転出前の市区町村に連絡を取り、子どもの成育歴や保健福祉サービスの提供状況を確認することもできるようになった。しかし、移動する家庭を視野に入れた支援を進めるようにという通達が十分に活かされてきたとは言い難い。

たとえば、二〇一三年四月、神奈川県秦野市に住民票をもつ小学生の遺体が横浜市内の雑木林で発見され、母親が茨城県の実家で逮捕されるという事件が起きた。この母子は、横浜市の児相や秦野市が、子どもの姿が見えないというので、自治体を越えて連絡を取り合い、警察も加わった捜査の上、ようやく発見された。母親は定職を持たず、ネットで知り合った男性の家に転がり込むなど、居場所を転々とさせて生活を成り立たせていた。

湯浅誠は『反貧困』のなかで、「貧困とはもろもろの〝溜め〟が総合的に奪われている状態」だとした。「溜めとはお金だけでなく、有形・無形のさまざまなものが〝溜め〟の機能を有している。頼れる家族・親族・友人がいるというのは、人間関係の〝溜め〟である。また、自分に自信がある、何かをできると思える、自分を大切にできるというのは、精神的な〝溜め〟である」とする。「溜め」を奪われた人たちは、追い込まれ、精神を病む。ひとり親家庭で、親が精神を病むこともある。そうなれば子どもたちの発達は保証されない。

国立社会保障・人口問題研究所の分析によると、二十歳から六十四歳までの勤労世代で、単身で暮らす女性の三分の一が「貧困」だ。六十五歳以上の単身者では五二パーセント、十九歳以下の子どもがいる母子家庭では、五七パーセントが貧困層だ。

このような社会状況の中で、「滅多にない」形で虐待事件が起き始めている。

## †娘に自分を重ねる

二〇〇九年六月上旬、母親の元を去った芽衣さんは子どもたちを連れて、名古屋市の繁華街、栄地区錦のキャバクラ「M」で働き始めた。

弁護士「寮での生活はどうでしたか」

芽衣さん「三人になったばかりは、すごく寂しかったです。一番最初につらいと思ったのは、二人をお風呂に入れたときでした。それまで、二人一緒に入れたことがありませんでした。環は立てないし、あおいはしっかりしていないし。ものすごく大変でした」

ただし、芽衣さんは自分自身ではなく、あおいちゃんが寂しがっていると強く感じたと話している。お風呂に入れるとき、これまで大勢の大人に囲まれて育ってきた娘の周囲に誰もいないことを強く実感するのだ。

西澤さんは言う。

「芽衣さんは、あおいちゃんの上に、幼児期に寂しい思いをしていた自分を重ねていた。投影同一視といえる状態でした。

お風呂のときはいつも誰かがいて、子どもたちを洗ったら抱き取って身体を拭いてくれた。それが三人の生活では子どもを洗うと、自分の身体を洗う余裕もない。だが芽衣さんは、周りに誰もいなくて、芽衣さん自身が寂しい思いをしたんですよね、と尋ねると、違うという。あおいがどんなに寂しい思いをしているか、と思ったと。芽衣さんはあおいちゃんと同じ視点になっている。共感というのではなく、自分自身をそこに見ている」

芽衣さんには、幼い頃、自分が放置されていたことについてのはっきりとした記憶はない。その事実に蓋をすることで生き延びてきたからだ。

だが、娘と自分を重ねているだけに、娘の孤独を認識することは、放置されていた幼い自分自身に直面することでもあった。それは恐怖にも似た感覚だったのではないか。

## †キャバクラの寮での暮らし

芽衣さんが勤務したキャバクラ「M」のホームページの求人情報は、未経験者でも気軽に働けるとうたい、学生のコンパのような接客写真が掲載されている。従業員である二十三歳のOLや二十八歳の子持ちの既婚者のメッセージが掲載され、水商売への敷居の低さが強調される。契約している託児所や寮を完備。子連れの母子が住宅を確保し、簡単に仕事を始めることができると宣伝している。

芽衣さんが暮らした寮は、名古屋市内の若い人たちで賑わう大須《おおす》観音の参道脇のマンション内にあった。近くには老舗の和菓子屋や射的屋、古着屋などが並ぶ。

マンションは、廊下側からは扉越しに中の気配が窺えない。外には電気メーターがなく、扉に覗き穴がない。明かりが一切外に漏れない。室内は二〇平米ほど。玄関から部屋に向かう短い廊下にお湯が沸かせる小さなキッチンがある。本格的な料理はできず、弁当を買ってきてお湯を沸かすような生活をする、単身者向けの住居だった。

寮の住人は二、三カ月で入れ替わった。というのも、この時期に店が女性たちの実力によって時給を修正するからだ。こまめに顧客に電話をかけ、同伴出勤やアフターも多く、営業に熱心で、固定客がついた人は時給が上がる。だが、実力がなければ時給が下がる。収入が減った女性たちは、入店直後の高い時給を求めて別の店に移動する。

この部屋に初めて親子連れが入ったのは、芽衣さんたちが入る前年の秋だ。単身者のみという内容で契約をしていた家主の女性は、すぐに管理会社に契約違反だと伝えた。二、三日後、親子連れは出て行った。ちょうど、リーマンショック後、親子連れで水商売に入ってくる女性たちが急増した時期にあたる。

その半年後、二度目に入った親子連れが、芽衣さんたちだった。取材で行きあった家主は言った。

「今度はしばらく様子をみることにした。ようやく世間の片隅に居場所を見つけたのだろうと思ったからだ。でも情けをかけたら、こんな騒ぎに巻き込まれて。事件の後、あんたみたいなマスコミが、何回もやって来て、迷惑した。油断した隙間に親子にすっと入り込まれたような感じがしたね」

果たして芽衣さんの暮らし向きはどのようなものだったのか。

二人の子どもを夜間託児所に預ければ、週五日で月に十万円。寮は六万円。他に、髪のセット代、ドレス代、営業電話やメールのための携帯電話代が月に五万円から六万円。一方収入は、時給三千円から五千円。月に三十万円稼いだとしても、手元にほとんど残らない。知らない土地で二人の子どもを抱えて、慣れない水商売で生活を成り立たせるのは楽ではなかったはずだ。

ここで働き始めて間もなく、同年代の同僚の荒井さん（仮名）と仲良くなった。離婚し、あおいちゃんと同年齢の娘を夫の元に置いてきた。芽衣さんは、子どもたちを連れて荒井さんの家に遊びに行ったり、子どもたちを預けたりした。荒井さんは、わが子の姿を重ねるのか、二人の幼い子どもをとてもかわいがった。

証人として出廷した荒井さんによれば、この時期の芽衣さんは既に、子どもたちに食事を作っていない。コンビニ弁当などを食べさせていた。部屋の掃除は行き届かず、ベランダはゴミで埋まっていた。とりわけ問題だったのは金の遣い方だった。

「給料が入ったら、服や化粧品を買ったり、外食したり、すぐに使ってしまう。計画性がなかった。子どもたちにはお金は使わず、いつも同じ服を着せていた」

丁寧だった子育てが環境で変わる。

## †警察記録はネグレクトを予見

三人で暮らし始めて二ヵ月後、八月二日は大須観音のお祭りだった。二十二時五分、愛知県警中警察署に幼い女の子がマンション三階の通路で泣いているという通報があった。二歳三ヵ月になっていたあおいちゃんだった。警察は二階、三階、四階のすべての家を回り、家を特定した。同じ階の住人に「母親が戻って来たら、保護していると伝えてほしい」と言い残してあおいちゃんを署に連れて行った。

二十三時十五分になって、署に女性の声で電話が入った。さらに三十分後、芽衣さんが環ちゃんを抱いてタクシーで駆けつけた。

この時芽衣さんは警察に、子どもたちが寝静まったので、置いたままでコンビニに出掛けた、その間にあおいちゃんが家を出てしまったと説明した。

警察は不自然な点はないとして、親子を家に帰した。もっとも翌三日、児童相談所に「将来育児放棄（ネグレクト）等に発展する可能性がある」として文書通告した。ひとり親家庭で生活環境がよくない、同じことが起きた場合、事故に巻き込まれる可能性があるという理由だった。

これを受けて児童相談所は区に芽衣さんが住民登録をしているか、児童手当、児童扶養手当をもらっているか、保育所に入れているかといった問い合わせを行った。保健所には子どもの健診記録について問い合わせた。そして、住民登録には該当者はおらず、健康記録もないとの回答を得た。

五日、受理会議を開く。この親子は虐待ではなく生活困難者だと判断した。地区担当者が母子支援を受け持つことになった。

当時の、名古屋市中央児童相談所相談課長は次のように語った。

「水商売で単親で、若年出産で住民票がない。子育て環境は最悪です。お手伝いをした方がいいケースだと認識しました。ただ、同じような生活形態の方は大勢います。それだけで虐待だと断定すれば失礼になる。私たちには子どもが虐待されているとか、放置されているという認識はありませんでした。それで虐待の初期対応ではなく、まず地区の担当者が会って生活実態を確認し、困難に見合ったお手伝いができればと思いました。生活支援として関わっていくことにしました」

一週間後、担当者が芽衣さんに電話を掛けた。強く警戒した芽衣さんは「困っていることはない。引っ越して、友達の家に移った。住所はわからないので、後で連絡をする」と言った。それっきり芽衣さんからの連絡はなかった。

児童相談所の担当者は十三日に大須観音のマンションを訪ねた。だが、応答はなかった。この日は六回電話をした。しかし応答がない。担当者は三十一日にもう一度訪ねている。それでも、会えない。

九月四日の中区の要保護児童対策地域協議会の実務者会議でこの事例が報告され、十月八日の同会議で終結が報告された。母親に相談の意思がないこと、居住実態がわからないこと、その後新たな通報がないことなどが決め手だった。

大家の女性は、大阪で芽衣さんが逮捕されるまでこうした一連の警察騒ぎがあったことを知らなかった。

後に芽衣さんは、子どもたちを部屋に置いて出掛けるとき、リビングと廊下の間の扉に外側から粘着テープを二本貼り、百円ショップで買った南京錠で施錠するようになる。衰弱した子どもたちを部屋に残して最後に立ち去ったときも、同じようにした。判決ではそこに殺意があったとされたが、それはこのお祭りの夜、子どもが勝手に部屋から出てしまい警察に保護された体験があったからだと芽衣さんは証言している。さらに、留守中しばしば子どもたちがトイレで水遊びをして、床を水浸しにしてしまい、それを防ぐためでもあったとする。

## †児童相談所の対応

名古屋市中央児童相談所の相談課長は、芽衣さんとコンタクトがとれさえすれば、さまざまな支援メニューがあったと私に言った。

住民票を作り、医療保険に入り、児童手当や児童扶養手当の申請を助け、夜間保育所への入所の支援や、場合によっては母子施設への入所もできる。若年出産ということで、保健センターが相談に乗ることもできた。経済的には子ども手当、児童扶養手当、その他、名古屋市と愛知県の支援もあり、最初の三年間は月々九万円から十万円が入る。水商売を離れても、七、八万円程度の収入が得られれば、親子三人、暮らしていけた。

名古屋市の母子家庭への支援は手厚い。だが、それも受け手に求める気持ちがなければ、成り立たない。

芽衣さんは法廷で、児童相談所から電話はなかったと言った。あおいちゃんが家を出たのは、環君をお風呂に入れていたときだと証言した。これは、警察の記録とは異なる。

支援者にとって、貧困に追いやられた母親の自尊心の低下と、それに伴う社会に対する信頼の喪失は大きな壁だ。母親の多くが母親であることに自尊心を抱く。したがって、母親として失格だと言われたら、立場を失う。うまく育てられない自分自身を隠す。

当時の児童相談所相談課長は次のように言う。

「拒否にあってもやり取りがあれば支援につながる工夫はある。でも、完全に閉ざしてしまったり、その世帯が血縁や地縁とつながっていなければとっかかりがない。SOSを出さない親には関わりようがないのです」

八月二日の時点で、児童相談所がネグレクトだとして介入するには、母親の内面にまで思いを馳せる想像力が必要だろう。だが、その想像力を働かせれば「支援対象」は激増する。現実的ではなかった。

「事件が発覚して以来、当時、何かできることがあったのではないかという気持ちがあります。でも、どうすればよかったのかわからないのです」

相談課長は心の痛みを率直に口にした。

**†「ぎりぎりまで頑張らなければ」**

この時期、父親の祐太さんは芽衣さん親子が暮らしていたマンションを訪ねている。名古屋に移って間もなく、芽衣さんは、照夫さんに子どもたちの着替えを送ってほしいと電話をした。着の身着のままで出てきたためだ。照夫さんは芽衣さんの実父の祐太さんに連絡をして、荷物を送るようにと住所を伝えた。

祐太さんはその住所を訪ね、マンションの扉の前まで行った。だが、戸を叩いても誰も出てこない。電話をすると、芽衣さんは、今日は知人と子連れで動物園に来ていると言った。

数週間後、祐太さんが再度訪ねていったら既にマンションにはいなかった。店に電話を掛けると、辞めたという。芽衣さんは父親が訪ねて来ることを拒絶していた。親や周囲の人を頼らなかったことについて、芽衣さんは次のように証言している。

「母親とは家を出る時に喧嘩のようになったので（声を掛けられなかった）。父親には何となく連絡できませんでした」

弁護士「照夫さんやその両親には連絡しなかったのですか」

芽衣さん「何度か（連絡をしようと）思ったけれど、私が悪いのだからぎりぎりまで頑張らなければいけないと思いました」

弁護士「向こうから連絡はありませんでしたか」

芽衣さん「ありませんでした」

芽衣さんには甘えは許されないという思いがあった。

### †元夫との離婚後の関係

もっとも照夫さんには連絡を取っていた。名古屋で二人の幼い子どもたちを連れて水商売をしていることを照夫さんもその両親も知っていた。だが、照夫さん側から手助けを申し出ることはない。

公判での照夫さんの証言から。

「二十二年二月ごろまではメールか電話は月に一～二回ありました。だが子育てが大変だとか、経済的に困っているという内容ではなかった。電話で子どもたちと話すこともありました。芽衣は、子どもたちは託児所に預けていると言っていました。子どもたちの写真も送られて来た。

子どもたちに会いたい気持ちはあったけれど、子どもたちに新しい父親ができると思って、電話をためらった。会いたい、電話をしたいという気持ちを抑えるのはつらくて苦しかった」

公判で、女性の裁判官が照夫さんに「託児所にいくらかかるか把握していたか」と尋ねると「(託児所にいくらかかるかは、) 考えていなかった」と答えている。

一方、照夫さんによれば、自分から芽衣さん親子に連絡をとったのは、平成二十二年(二〇一〇年) 五月十六日、あおいちゃんの三歳の誕生日、ただ一度だった。この時電話はつながらなかった。

裁判長「離婚後、自分からは二十二年五月十六日、一回しか連絡をしなかった。その気持ちは?」

照夫さん「浮気をした被告人には怒りの気持ちがあった。子どもたちは大切な存在だった」

また、元姑と弁護士とのやりとりは次のようなものだった。

緑さん「被告人はキャバクラで働いている。子どもたちは託児所に預けていると聞いていました。不安はありました。平成二十二年の初め頃までは、写真を照夫に撮って送って来ていました。それを見せてもらいました」

弁護士「引き取ろうとは思いませんでしたか」

緑さん「芽衣は名古屋で仕事を頑張っているのを聞いていたので、安心していました。生活に苦しんでいるとしたら、芽衣から連絡があると思っていました。芽衣からは一度も連絡がありませんでした」

## †誰からも祝福されない一歳の誕生日

十月上旬、照夫さんの元に芽衣さんから連絡があった。新型のインフルエンザにかかったので、子どもを預かってほしいという。当時、この病で幼い子どもたちが重篤な状態になるという情報が流れていた。だが、照夫さんは急に仕事は休めないと断る。

公判で芽衣さんは「やっぱり私たちはなかったことにしたいのかなって思いました」と語っている。

父親の祐太さんにも連絡があった。授業中に電話があり、終わってから掛け直したら、子どもたちを預かってほしいという。父も仕事を理由に断った。裁判で、父親は次のように答えている。

「急なことを言ってきて無理だ。勝手なことを言うな、という気持ちがあった」

芽衣さんは「誰も助けてくれない」との思いを募らせる。

この日、芽衣さんは実母にも連絡をしたが、電話がつながらなかった。

「時間が経ってから母から連絡がありました。インフルエンザのことは母もニュースを見ていたので、慌てていました。子どもを預かろうかと言ってくれましたが、私がインフルエンザと分かってから、半日くらいたっていて、もう、子どもたちもインフルエンザにかかっているかもしれないので、様子をみると伝えました」（公判で）

芽衣さんは母親を頼らない。

同じ頃、芽衣さんは、環君の一歳の誕生日を前に元夫を動物園に誘って断られている。元夫は証言する。

「たわいもない電話の中で、子どもたちを連れて四人で動物園に行こうと言われた。子どもに会いたいという気持ちはあったが、新しい父親が来るかもしれない。自分の存在がない方がいいと思って、複雑な気持ちで、また今度と言った」

十月十六日は、環君の満一歳のお誕生日だった。弁護士が芽衣さんに尋ねる。

「この日、期待したことは何ですか」

芽衣さん「インフルエンザでは預かってくれなかったけれど、環の一歳の初めての誕生日なので、メールか電話は来るかなと期待をしました」

弁護士「実際はどうでしたか」

芽衣さん「誰からもありませんでした」

弁護士「どんな気持ちになりましたか」

芽衣さん「私たちのことはなかったことにしたいのかと思いました」

この日を境に、芽衣さんの生活は急激に変化していく。家族は元には戻らないと自覚したのかもしれない。

芽衣さんが初めて恋人とつき合うのは、その約一週間後だ。勤務先のキャバクラのお客さんだった。新しい恋人に、子どもがいることは告げなかった。職場の仲間で、この時期しばしば子どもたちを預かっていた荒井さんは裁判で次のように証言している。

「理由を尋ねると、彼に子どもたちの存在を知られたくないからと言いました。なぜ、一番大事な存在なのに言わないのだろうと思いました。一泊二日で彼と泊まりに行く。あおいと環は大丈夫なの？　と聞くと必ず、妹に預けている、おばあちゃんに預けていると答えました。でも、それは嘘でした」

芽衣さんはこの時期、子どもを妹に預けたことはあったが頻繁ではない。祖父母に預けたことはない。子どもたちを家に残し、男性と出掛けることが日常的になり始めていた。

子どもたちの養育環境は悪化していく。

ほぼ同じころ芽衣さんはキャバクラ「M」を辞め、子どもたちを託児所に預けることも辞めてしまう。裁判では「子どもたちが次々に熱を出し、保育所に預けることができなかった。賃金のよい店に変わりたかった」「仕事に行く時間になると、子どもが熱を出しました。あおいが熱を出して治ると、環が熱を出す。託児所に預けられなくなりました。医者に連れて行ったら、「いやいや病ではないか。ママと離れたくないので熱を出すのではないか」といわれました」と話している。

新しい職場については、次のように言う。

芽衣さん「夜八時からの出勤でした。子どもたちを寝かせてから仕事に行こうと思いました」

弁護士「夜、寝かせてから仕事に行くようになって、どう思いましたか」
芽衣さん「離婚するまでは、あおいも環もパパだけでなく、おじいさん、おばあさん、たくさんの人に囲まれて、私以外の人にかわいがってもらっていました。生まれてから周りにはいろいろな人がいたのに、突然、私だけになってしまった。その姿を見るのがすごくつらかったです。あおいを見ているのは、自分を見ているような感じがしました」
芽衣さんは、孤独な子どもたちを見ることがつらかったと裁判で繰り返し語る。自分をあおいちゃんに重ね、周囲に関わる大人がいない、あおいちゃんの状況いたたまれず、その姿を直視することができなかった。

## †シングルマザーが供給源

芽衣さんはキャバクラ嬢としての実力には乏しかった。この頃芽衣さんが働いていた、JR金山《かなやま》駅近くにあるキャバクラの店長は言う。

「芽衣は客とは愛想良く話し、指名客もいた。客受けは良かった。けれど、外の店から芽衣目当てに来る客はいなかった。お客はついていなかったね」

この店では最初の二ヵ月間、時給三千五百円。その期間が終わると三千円に下がった。

芽衣さんは休みの日に客と食事に行くことはあったが、客にメールをしたり、電話を掛けたりしなかった。営業力は弱かった。

子連れでの仕事は大変だ。熱心に営業すれば、仕事を離れた時間でも携帯電話は鳴りっ放しだ。子どもと過ごしている時に客からの電話で携帯が鳴ったら無視はできない。しかも子どもが目の前にいるのに、いないふりをしなければならない。

ある子連れの元キャバクラ嬢は「子育てで一杯いっぱいのときに、お客さんの世話をするのは難しい。でも、成績が上がらないとそれもストレスになる。いつ、自分の本性をだしたらいいかわからなくなりました」と言った。

この女性は保育園を使い、昼間の事務職に変わったが、手取りで十二万円。転職できたのは、親の経済的な支えがあったからだ。

芽衣さんが勤めていたキャバクラの店長は、二人の子どもがいることは知っていた。時々「子どもたちをほったらかしにしていないか」と声を掛けた。すると芽衣さんは、「大丈夫、友達に預けているから」とか「妹に預けているから」とニコニコしながら答えた。「週末には実家に帰ってる。子どもたちの父親とも連絡を取りあっている」とも話した。店長はそうした話を事実とも嘘ともわからないと感じていたが、真偽は確かめなかった。

店長は、芽衣さんが託児施設を使わないのは、お金がないからではないかと見ていた。だが、踏み込んで尋ねることはなかった。

店長をはじめ、男性スタッフは商品である女性たちに気を遣う。だが、それは気持ちよく働いてもらうためだ。心底相手を思いやってのことではない。

店長によれば、二〇〇〇年代半ばごろから、十九〜二十歳で子連れで面接にくる女性が増えたという。二〇〇八年のリーマンショック後には、面接を受ける女性の半分が子連れになった。シングルマザーが従業員の供給源だ。

都会の店では、長期で一つの店で過ごす例はあまり多くない。店を変わることで、いったん下がった時給が上がるからだ。若いシングルマザーが幼い子どもを抱えて店を転々とする。ネグレクトの温床は急激に広がっている。

店長もまた、この時期の芽衣さんに恋人がいたと言った。

「芽衣は店に嘘をついて新しい彼と遊びに行っていたこともありました。それがばれた時、子どもを連れて行ったのか？　と聞いたら、連れて行っていないと答えました」

この時期も子どもたちはよく熱を出した。医者に連れて行くと言って、仕事を休むこともあった。

### †困難を増す生活の挙句に

この頃、芽衣さんは広告用写真のモデルになっている。15NAVIという、風俗への求人広告だ。

芽衣さんがもう一人の女性と一緒に携帯電話を耳に当て笑顔を見せている。事件発覚後も、そんな写真を使った巨大広告が、名古屋市内の繁華街の百貨店の出入り口前のビルの屋上に掲げられていた。買い物をし過ぎてフッと見上げると、高収入の道がある。若い女性たちが風俗の仕事とつながって行く道すじが日常の中に敷かれている。

広告写真を撮ったカメラマンに会った。彼は芽衣さんを撮影したという、照明器具と機材に囲まれた名古屋市内のスタジオで、ボソリと言った。

「シャイで口数は少なかったですね。長時間の撮影でしたが、ポーズを撮ったり、動いたり、こちらの意図をよく分かってくれました。世話をしないで子どもを死なせてしまうような人には見えませんでした」

この時期、芽衣さんには社会性や責任感は備わっていた。

十一月中旬、ようやく芽衣さんは東京の高校時代の教員の大山和夫さんに連絡を取り、離婚を告げた。その電話の中で、芽衣さんは「気がついたら子どもを殴っていた。どうしよう、どうしよう」と話した。子どもとの生活は困難を増していた。大山さんは、芽衣さんを東京に誘った。水商売をしたかったら、すればいいとも伝えた。だが、「また、連絡すると言って電話が切れました」と裁判で大山さんは言った。

芽衣さんは周囲が差し出す手をつかめない。現実と向き合うことができない。そして、子どもを置いて男性と遊びに行く。

夢の時間を過ごしている間、困難は忘れられる。男性に子どものことは話さない。既に、事件当時と同じ構造ができあがっていた。以後、それが強化されていく。

同じ十一月中旬頃、芽衣さんは同僚だった荒井さんにも子育てが不安だ、子どもを施設に預けることはどう思うかと相談をしている。荒井さんは「芽衣が不安ならそれもいいと思う。でも頑張っていきたいなら、子育てを助ける」と答えた。

だがその直後、荒井さんが、携帯代として貸していた五万円を返してほしいと告げると芽衣さんと連絡が取れなくなった。再び芽衣さんの動向を知るのは、翌年夏、子どもたちの死が報じられた時だった。

十一月末、芽衣さんは再びSNSを始め、四日市時代の友人と関係を復活させた。最初の日記には男性に会いに行こうとして、痴漢に遭い、押し倒されて罵倒され、警察沙汰になったと書かれている。

十二月に入ってすぐ、芽衣さんは金山のキャバクラに出勤しなくなった。店長は言う。

「良い条件の店があれば、女の子は飛ぶ。どこにでもスカウトがいるからね。日払いだから困らない。ただ、普通は飛ぶ前には仕事への不満が出る。芽衣にはそういうところがなかった」

芽衣さんは決して相手に不満を表現しない。

## †電話で行政に助けを乞うが……

そんな芽衣さんが精一杯の勇気を奮って公的機関と接触を持ったのが十二月八日木曜日の夕方のことだ。名古屋市中区役所の番号を一〇四で調べ、泣きながら電話をした。

「子どもの面倒が見られないから預かってほしいと言いました」

電話を受けたのは区民福祉部民生子ども課だった。平日昼間、三時四十五分まで嘱託の相談員が電話で育児相談を受けていた。だが、芽衣さんが電話してきたのは担当者が帰った後だった。対応した市の職員は、名前と住所と携帯の番号を聞き取った。この時芽衣さんは、「友達の家に住んでいる」と伝えている。市職員は、児童相談所の番号を教え、掛け直すように言った。中区役所の民生子ども課長（当時）は言う。

「水商売の方が仕事に出かける前に子どもの存在に困って、一時的に保護を求めたのだと判断しました。それなら児童相談所にと思ったのです」

裁判で芽衣さんは、言われたとおり、児童相談所には電話を掛けたと証言している。

「今までつらかったね、しんどい気持ちは分かります。一度来て下さいと言われました」

しかし、具体的な来所日時の指定や、段取りについての話はなかった。

芽衣さん「やっぱり誰も助けてくれないのかなと思いました」

裁判に出廷した名古屋市中央児童相談所久保田厚美主幹によれば、このやりとりについて、児童相談所側には記録がないという。職員は具体的な支援の必要を感じるほどの、危機感をもたなかった。

公判にて。

弁護士「名古屋の児童相談所は記録がないと言っています。それを聞いてどう思いますか？」

芽衣さん「もし、今じゃなくて、その時に同じことを聞いていたら、やっぱりなかったことにしたいのって思うと思います」

精一杯の勇気が届かない。芽衣さんは社会への信頼をもはや持てない。

翌九日の朝、名古屋市中区役所では出勤した相談員が記録を確認し、芽衣さんの携帯電話に掛けた。だが、留守番電話だった。さらに、午後一回、帰宅前に一回、電話を掛けたがいずれも応答がない。十日にもう一度電話をして、留守電にメッセージを残した。それでも返信はなく、ここで対応を打ち切った。

中区で担当した職員に話を聞いた。

「困っておられるなら、メッセージを聞けば電話を掛けてきます。掛かってこなかったのは解決したからではないかと思いました。どの家庭もやりくりしながら何とか子育てをしている。お母さんの状況は日々変化します」

もともと民生子ども課への問い合わせは多い。母親の精神状態を思いやり、踏み込むべきか、さらりと流すべきか神経を研ぎすませて状況に当たる。

「電話だけでお母さんの状況を把握するのは難しいです。ケースによっては聞きすぎたり、立ち入り過ぎてもまずいと思います」

†命を救うためには予算が必要

名古屋市では、事件発覚後、事例検証委員会を設けた。同委員会は問題点をまとめ、その上で対応策を示した。

「担当以外の職員が電話をうけることがあるため、職員全体の危機意識の向上が望まれる」「相談者は、切羽詰まった状況で、思い切って相談をしている。（略）相談し易い雰囲気をもって接し、困ったことがあれば、いつでも相談してほしいと伝えることが非常に大切である」

だが、対応に当たった職員は困惑気味に言った。

「でもそれは、時間的にも体制的にも難しい。予算が充実しないと。私たちは通常業務で精一杯なんです」

この職員は、八月にあおいちゃんが中警察署に保護された後、九月と十月に開かれた中区の要保護児童対策地域協議会実務者会議に出席していた。このとき太田あおい、環の名前は上がっていた。だが、今回記録されていたのは母親である斎藤芽衣という姓名だった。職員は八カ月後に事件が発覚するまで、親子だということに気づかなかった。職員は、ため息をつく。

「今もってすごく不思議です。どうして電話をしても返信がなかったのか。今、想定外のことが次々に起きています」

当事者の微妙な心理。離婚で姓が変わるなど入り組んだ背景。さまざまな要因が子どもの発見・救出を阻む。

行政の現場を回り、繰り返し聞くのが、「今までに考えられない思いがけないことでした」という言葉だった。

現場では想定外の出来事が起き始めていた。

より丁寧な聞き取りや情報収集を実現するには、それだけの人員が必要になる。更に言えば、これまでとは異なる想像力や意識付けなどのスキルアップが必要になる。

社会がそれだけの予算をつけることを認めるのか。

### †SNSに映される「盛った」姿

市が三度、芽衣さんの携帯に電話をかけた十二月九日の本人のSNSの日記が残っている。コスプレをしてこれから撮影だという。「芽衣何が似合うかな〜」。さらに、「最近だぁりんに振り回される自分がだいっきらい」と記される。自分勝手でいい加減な恋人に振り回されて、毎回、今日、これで最後と思いながら会いにいく。「やっぱり好き〜」と、結局は離れられない。いつも応援してくれる友達にさえ、「はよ離れなさい」と言われた。

　この時期は、まだ男性への依存を自覚していた。それが良くないという思いはある。だが、ここに子育てがつらいと市の相談窓口に泣きながら電話をした彼女はいない。ネットの中で、子育てに苦しむ自分とは別の自分を生きる。それは見せるために演出された——「盛った」自身の姿だ。

　水商売は、クリスマスから年末年始にかけてがかき入れ時だ。大勢のホステスやキャバクラ嬢が必要になる。金山のキャバクラでは、これまでに働いたことのある女性に求人の一斉メールを流した。すると芽衣さんから働きたいという返信メールが届いた。他の女性には年末のボーナスとして時給は四千円から五千円を設定した。芽衣さんは三千五百円。それがキャバクラ嬢としての評価だった。

　芽衣さんは十二月二十七日か二十八日まで明るく勤務をした。だが、その後は連絡もなくぷっつりと姿を見せなくなった。

　芽衣さんはこの年の年末年始をキャバクラで知り合った恋人と過ごしている。子どもたちは家に置いていた。
検察官「置き去りの間、子どもたちのことを思うことはないのですか」
芽衣さん（小声で）「何をしているかと考えました」
検察官「火事になったら大変ですよね。そういうことは考えなかったのですか」
芽衣さん「いろいろ考えるときりがないので、考えないようにしていました」
検察官「外出するのは止《や》めようとは思わなかったのですか」
芽衣さん「思っていました」
検察官「なぜ、止めなかったのですか」
芽衣さん「考えること自体が嫌だったからです」

その後、芽衣さんは、水漏れ事故を起こし、夜逃げのように大阪に移り住む。名古屋の恋人には、遠距離恋愛だと話した。

第五章

# 母なるものとは

## †大阪ミナミの風俗店に転職

芽衣さんは、二〇一〇年一月十八日から大阪ミナミの繁華街にある老舗の風俗店「クラブR」「クラブRエレガンス」で働き始めた。

そのホームページには、女性たちの写真が商品カタログのように並んでいる。ランキング順に源氏名、年齢、身長、スリーサイズ、「きれい」「スレンダー」「癒し系」「おしとやか」といった特徴や前職、初体験の年齢、今日の出勤状況などが併記される。誰もが、つけまつげを二重にして、マスカラをたっぷりつけた、似たようなアイメイクだ。虫の刺され跡、傷ひとつない加工されたようなきれいな体。パッケージされた「商品」は、実物よりも二割増きれいに見えるという。

「クラブR」、「クラブRエレガンス」、どちらもマットプレイを売り物にしていた。店の宣伝動画をみれば仕事の内容がおおよそ理解できる。

客の男性を優しくエレベーターに迎え入れ、個室で服を脱がせ、自らも脱ぐ。男性を寝かせ、石鹸を泡立てて、まず手で愛撫する。足の指や背中を口で丁寧に舐めとり、局部を最初に手で、それから口でマッサージし、さらに全身をこすり合わせる。

そこではどのような会話が交わされるのか。

『風俗嬢意識調査　126人の職業意識』（ポット出版、二〇〇五年）によれば「風俗嬢」がNGとしているサービスは、一位のアナルファックで九割強が拒否。二位がマットプレイ、約六割の拒否。同店のマットプレイには、アナルマッサージ、アナル舐め、ローションプレイ、生フェラ、クンニなどがセットになっているが、どれも同書でNGサービスにあげられている。「風俗嬢」にとってハードな職場だ。

そうした肉体的、精神的労働の対価は、ホームページの求人情報欄によれば、時給八千円〜一万二千五百円。例として月に十日働いて六十五万六千円、十六日働いて百八万八千円とある。ちなみに芽衣さんの当初の月収は約百二十万円だったという。

一月中旬に大阪に移り住んだ芽衣さんは、ありったけの荷物を抱え、ベビーカーを押し、風俗店の面接を受けた。この時点で、子どもたちはまだ笑顔を見せていた。採用が決まると、すぐに主任と性的な関係をもった。

店で働き始め、歩いて五分ほどのところにある従業員用の十五平米のマンションに住んだ。二人の子どもが変わり果てた姿で見つかった部屋だ。

生活用品はテレビとベッドと高さ一メートルの単身者向け冷蔵庫だけ。簡易キッチンには包丁、まな板、鍋などの炊事できる道具はなかった。

繰り返すが、入居から一度もゴミを捨てていない。大阪に来た当初から親子三人の暮らしに立ち向かう気力はもはやなかったのではないか。

### †福島のDV被害者の場合

3・11の大地震から十日ほどたった頃、首都圏の避難所で、私は一歳半の息子を抱えて原発事故から逃げてきた若い母親から話を聞く機会があった。

大きな体育館に段ボールを敷き詰めた居住部分で、子どもは弱々しく寝てばかりだった。母親は無表情で、ほとんどわが子の相手をしなかった。シャワー担当のボランティアから、母親が子どもに熱湯を掛けたという話が伝わり、支援者たちは顔色を変えた。

母親から少しずつ話を聞いてわかったことは、この二十五歳の女性は、親族がおらず、持ち合わせの金も乏しく、貯金もなく先行きの見えない不安に耐えていた。両親は離婚。母はその後死亡。自分自身は、DVを受けて夫から逃れる身だった。

その後周囲の支援を受け、生活保護の受給と借り上げ住宅が決まり、生活の基盤ができた。

その日、彼女はわが子に頬ずりをして思いがけない優しい顔を向けた。あの彼女にこんなに穏やかな表情ができるのかと心底驚いた。子どもも急に成長を始めた。感情を出し、絵を描き、支援者の間を走り回った。

彼女は後になって「避難当時は子どもさえいなければと思っていた」と教えてくれた。助け手がいて、安心して暮らせると分かった時、母親の表情はこれほど和らぐのか。その中で、子どもは子どもとしての大切な時間を過ごす。子どもたちが安全に、守られて暮らすためには、どれほど母親の安全と安心が必要か。

## †風俗のハードルは急激に低くなった

芽衣さんが足を踏み入れた風俗という職場だが、そこへの意識のハードルはこの二十年ほどで急激に低くなった。元業界紙の記者の古谷野悟史さんは次のように言う。

「一九九二年ごろまでのバブルの時期には、風俗で働く女の子はアンダーグラウンド的な特殊な存在でした。それが、援交ブーム、ブルセラブームなどもあり、性産業への敷居が下がる。バブル崩壊後の九五年ごろにオウム事件が起き、警察の取り締まりが手薄になり、カラオケ店がつぶれて、雨後のタケノコのようにソープ店ができた。この頃になると誰でも性を売れるわけではなく、人気のない子やかわいくない子は、部屋がいっぱいだからごめんね、と断られるようになりました。今は、自分を磨かない子はソープもできません」

二〇〇〇年代になると、若者の労働市場が変質する。男女を問わず終身雇用制が崩壊し、派遣業が浸透した。古谷野さんは言う。

「さらに、ハードルが下がったのは、格差社会に入ってからですね。派遣で一、二年仕事をしていた女の子たちが、職業選択の一つとしてこの業界にはいってくる。派遣であれ、風俗であれ、今の二十代、三十代の子は、自分が商品として扱われることに慣れていますす」

かつては、風俗で働く女性たちが限られていた頃、店は女性たちを囲い込んだ。したがって、善かれ悪しかれ一人の女性は同じ店で長い期間働き続けた。そこには、人とのつながりがあった。だが現在、特に都会では、短期間でよりよい収入を求めて店を変わる。一つの店に一年間居続ける人は一割程度だと聞いた。九割の女性たちが店を転々とする。店は、女性同士の確執を避けるため、個室で待機させる。女性たちは一人で部屋で待ち、客相手に仕事をする。人間同士が触れ合う機会はずっと減った。

風俗の仕事は過酷だ。

芽衣さんが名古屋で勤務していた金山にあるキャバクラの店長は次のように言った。

「風俗の女の子のバッグを見ると、精神安定剤を入れている子が結構いる。キャバ嬢にはあまりいない」

前出の古谷野さんは次のように言う。

「コンビニでは客へは笑顔を一瞬だけでいいけれど、風俗はどこも隠さないまま、一時間とか一時間半と、ずっと客に向き合わないといけない。仕事とプラベートのスイッチのオンとオフをはっきりさせないと精神的にやられてしまう。風俗嬢で病んでいる子は多いけれど、病んだためにこの業界に入ったのか、仕事のために病んだのかはわからない。ただ、病んだ子がこの仕事を続ければ必ず悪化する」

## †「風俗はお金」

風俗で働きながら子育てをするとはどういうことなのか、四人の女性たちに話を聞いた。

風俗の捉え方は四者四様だ。たとえば、四十歳のあみさん（仮名）は「風俗はお金」という割り切りがはっきりしている。お金は現在二十一歳になる娘の教育費のためだった。

業界で働き始めて七年目。三十歳前後にしかみえない若々しい顔立ち、引き締まったたからだにフェミニンなブラウスを着た、可愛らしい雰囲気の人だ。

束縛の強い夫が嫌で子どもが生後十カ月のときに別居、離婚した。最初はヘルパー二級の資格をとって介護の仕事をしたが、月十二万円にしかならない。毎月二万円ずつ貯金をしたが、「私みたくならないように」娘を大学に入れたいと思ったとき、収入を増やしたいと切実に思った。

娘が十歳になった時、両親に預けて上京、最初はスナックで働いて、月に四十万円程度稼いだ。だが、愛人の自慢話や妻の愚痴話はうんざりだった。笑顔で話を合わせたり、ごますりを言うことが苦手だった。三年後に風俗に移る。週に三〜四日、七時間出勤で、月に百万円から二百万円稼いだそうだ。

「舐めさせないし、手だけでいかせる。昔は女たちが一緒に客を待つ集団待機だったけれど、今は個室待機なので、女性同士のトラブルもありません。悩みはないです。スポーツクラブに通って、体型維持、体力、筋力をつけています。疲れるとよく眠れるからいいですね」

両親や娘には派遣で働いていると伝えてきた。娘が中学一年のときに、東京に呼び寄せた。学校には風俗店が持っているアリバイ会社の連絡先を教えた。娘と一緒に毎年、海外旅行も楽しむ。エステ、オカマバー遊びにも熱心だ。

あみさんの仕事を知っているのは、幼なじみの女性ただ一人だ。

娘は医療系の短大を卒業し、就職した。貯金は二千万円以上。もうしばらく貯めてから引退しようと思っている。

## †「自分は商品なのね。高く売らないと」

二人目のしょうこさん（仮名）は、ロングヘアに色黒のスレンダーな体。ロングの民族調のワンピースを肩で引っ掛けるように着て、颯爽と歩く。現在三十四歳で、七歳の娘がいる。週に四回、自宅から六十キロ以上離れた地方に車を飛ばし、そこのソープでナンバーワンを張る。遠方の店を選ぶのは、知った人に会わないようにするためだ。四人のなかで、唯一親に頼らない子育てをしている。

この世界に入ったのは二十三歳の時だ。

「母子家庭で育って、母親と折り合いが悪く、十六歳で家を出ました。住み込みで働いたあと、美容師になりたいと十八歳で美容院に勤めました」

寮暮らしをしながら、通信教育で学んで資格を得た。初任給は手取りで八万円。そこから道具代や学費を引くと「栄養失調になるくらい」生活が苦しかった。免許が取れてようやく手取り十六万円。お金の苦労を逃れたくて、小学校時代の同級生に誘われて、関東のある町のソープで働いた。

「仕事の内容にはびっくりしたが、持ち帰れるお金が魅力的でした」

風俗業界で働く女性が限られていた十年前は、月に四百〜五百万円の収入になった。就労する人が増えた現在は、月収は百五十万円から二百万円だ。

二十五歳でいったん風俗の仕事を辞めたのは、子どもの父親と出会ったからだ。結婚出産後、夫は司法書士になると言い、仕事を辞めた。だが、勉強はしない。夫の暴力もあった。姑はしょうこさんが夫をだめにしたと叱った。五年前に子連れで離婚し、業界に戻った。

折り合いが悪い母親には頼れないが、「風俗で働けばやっていける」という計算が離婚を後押しした。

一九九〇年以降労働の非正規化が進む。母子家庭の就労は厳しい。平成二十三年度の平均年間就労収入は一八一万円だ（厚生労働省「平成二十三年度全国母子世帯等調査」）。離婚が女性の貧困につながる。子どもと過ごす時間を削り、肉体を追い込み、生活にゆとりがない。いつ失業するかわからない。そんな生活は、子育てには不向きだ。

しょうこさんの場合、離婚後に夫は就職し、現在は養育費をもらっている。収入の申告をごまかし、児童扶養手当も得ている。とはいえ、体を張ったこの仕事ができる期間は限られる。不安がいつも張り付いている。

さらに、母親に癌が見つかった。その治療費もしょうこさんが出す。

「私の顔、見てください。顔面神経痛で歪んでるでしょう。ストレスです。仕事に就いた頃はいつまでも稼げるつもりだった。でも、今は店のナンバー1からおりられない。抜かされたらお客はそっちに行ってしまう。収入が減ってしまいます。貯められるだけ貯めておかないと」

しょうこさんは、体型を維持するために毎日腹筋と背筋を鍛える運動を五十回。休みの日には走る。日焼けサロンで少し肌を焼く。色が黒くなると、肌が張って見えて年齢が出にくいのだ。店で掲載する写真は、自費で知人のカメラマンにスタジオで撮ってもらっている。リラックスできて表情が違う。

「自分は商品なのね。高く売らないと」

日々の緊張感をほぐすのが、ホスト遊びだ。子どもは一歳のころから、ホストクラブに連れて行ったが、今は夜、子どもを寝かしてから一人でいく。

「男に頼りたいと思わない。もし、頼ったら、男を逃したくないと思ってしまいそう。仕事のことは周囲の人間には話していない。自分の相手をしてくれるのはホストぐらい。ホストは愚痴をこぼさせてくれて、休ませてくれる」

オフの時、子連れでホストクラブの従業員たちと、お互い費用は自前で海に遊びに行った。娘の学校友達親子も一緒に行ったが、その人たちには彼らがホストだとは伝えなかった。

しょうこさんは子育ては好き、子どもとは仲がいいと言う。ただし、思い通りに部屋が片付いていない時など、子どもを叱り飛ばし、叩くこともある。

「子どもが五、六歳のころ、児童養護施設に預けました。自分が子どもを叩き出して、止まらなくなったからです。私はストレスが溜まると過呼吸が出る。子どもがギャンギャン泣いても抱いてやれない。母親に電話をしたら、自分でなんとかしろ、と言われた。それで、児相に電話をして預かってもらいました。しばらくして返してもらいにいったら、お母さんが安定するまで預かりますと言われて、結局一ヵ月間会えませんでした」

児童相談所には自分の仕事については話さなかった。収入がばれると、児童扶養手当がもらえなくなる。風俗で働きながらの子育ては、嘘があちこちに入り込む。

しょうこさんは月に五十万円ずつ貯金をしている。老後のために、三千万円貯めるのが目標だ。

仕事のある日、娘は放課後自分の携帯電話でタクシーを呼び、都心の雑居ビルの中にある保育施設に移動する。ここで、宿題をして、夕食を食べ、パジャマに着替えて眠る。

しょうこさんが深夜、娘を迎えに行くのに同行させてもらった。マンション三階の保育所には鍵がかかっていて、インターホンを押すと職員が開けてくれた。宿直の職員から着替えの入ったバッグを受け取ると、眠っている少女をそっと抱き上げた。その子は薄目を開け、それからまた目をつぶり、しょうこさんの胸に頭をつけて、首にしがみついた。

## †「信用するのは親とお金だけです」

はるなさん（仮名）は、三十三歳。ショートカットに地味な茶色のニットスーツを着ている。一歳四カ月の娘がいるOLだ。週末一日だけ、娘を両親に預け、ホテトル嬢として働く。稼ぎは月に十五万円になる。

「今は母乳が出るので、そういう人向けにお金になる」

別居中の四歳年下の夫とは、十年前に出会い系サイトで出会った。ハンサムな顔立ちが気に入った。当時、夫は十九歳で、四十代の女性から生活費をもらって暮らしていた。逆援助交際だった。はるなさんは副業でキャバクラに勤め、夫の生活費を助け、大学を卒業させた。

お金が足りず、服を着たまま手だけでいかせるアロママッサージに移った。夫は働かず、はるなさんの首を絞めるなど、暴力癖があり、夫から家を追い出されてネットカフェで連泊することもあった。夫との別居を機にホテトル嬢になったが、子どもはかわいがるので離婚には至っていない。

はるなさんは、短大卒業後ＯＬを続けてきた。手取り二十五万円程度だったが、不況で二五パーセントの給料カットが始まった。夫からの送金はない。職場では、女性としては三十代半ばのはるなさんが最年長だ。いつまで働けるのか。かつて職場ではいじめもあり、ノイローゼにもなったが何とか危機は乗り越えた。だが、今も、職場に心を許せる友人はいない。

「デリヘルで使うのは、不衛生な安ホテル。きもい客もいるし。そんなところで百二十分は苦痛です。規定では本番はなしですが、五千円のチップをくれたら、本番もします」

今は両親と同居中。母とはあまり仲良くないが、父は好きだ。もちろん、両親に風俗の仕事は内緒だ。

「母は精神安定剤を飲んでいます。会社員の父が地方に転勤し、家族で引っ越したときに、周囲に相談できる相手がいなくて精神のバランスを崩しました。あの頃は私が母から殴られていましたね。父は止めてくれました。母は弟は絶対に殴りませんでした。私は他人は信用しません。信用するのは親とお金だけです」

父には、短大に行って、六大学ぐらいの男を捕まえろと言われて育った。専業主婦になりたかったが、叶わなかった。

はるなさんは風俗で稼いだお金を生活費として使い、給料はすべて子どもの教育費と、自分の将来の備えに貯金している。現在貯金額は二千万円。

「娘は社会できちんと活躍できる女性にさせるために、中学受験をさせて、一流の大学に行かせたい。しっかり育ってほしいというのが今の願いです。最近、幼児教育の教材を買いました。絵本や、英語のCD、つみき、フラッシュカード。一式六十万円でした。毎日一生懸命使っています」

お金があれば良い教育ができる。

もっとも風俗の仕事だけをして、さらに高額の収入を得ようとは思わない。

「週五日、風俗というのはあり得ない。鬱病になってしまう。自分は正社員で、その収入もあって、週末の風俗は遊びです。私、男の人の体に興味があるんです。

恋人ができても、娘に手を挙げたら即別れる。でも、それは自分に本業と貯金があるからかもしれない。お金がなかったら、やばいかも……」

自身のアイデンティティを正社員に置き、精神のバランスをかろうじて取っている。

## †「しょっちゅう子どもが邪魔だと思っている」

四人目は、元風俗嬢のあゆみさん（仮名）、二十七歳。六歳の子どもがいる。自ら人格障害だと語る。

「私は百かゼロしかない。百の時は元気だけれど、すぐに生きるか死ぬかと考えてしまう」

黒い帽子、鮮やかな青のジャケットにグレーの流行のミニスカート、黒の網スパッツにハイヒール姿は待ち合わせの場所でも人目を引いた。だが、網スパッツは少し破れ、つけまつげの片隅がとれかかっている。

父から母へのDVがある家庭に育った。兄は大事にされ、自分とは差をつけられた。三歳のときに知らない人に近所の公園のトイレに連れ込まれて性被害にあう。男性一般に対して長い間体が固まるような感覚があった。

今は両親が、あゆみさんには一人で子育てはできないと言い、近所に住まわせ、保育園の送り迎えや、食事の世話を手伝ってくれる。

あゆみさんが風俗の仕事を始めたのは短大時代。心療内科に通っても治らない、男性恐怖への荒療治のつもりだった。新宿歌舞伎町に行き、歩き回ってスカウトされた。最初は風俗店での仕事は自分にはできないと思ったが、「やってみたらできた」。

「自己嫌悪になることはなかったですね。すごい秘密をもっているという感覚だった」

現実とは違う自分が欲しかった。以来、ドラッグストアや洗濯屋などでアルバイトをしながら、お金がピンチになると風俗で働く。

「時給八百円なら、一カ月の手取りは月に十四〜十五万円。それくらいなら風俗で稼ごう、となる」

今もバイトとしては、デパートの地下の食品売り場で、売り子をしている。

最後に風俗で働いたのは二年前。二十五歳の時だ。夫との関係が悪化し、新しい男性ができて、離婚を決意。すぐに生活を変えようと、百五十万円作った。

「不謹慎なんですが、しょっちゅう子どもが邪魔だと思っている。一歳児を怒鳴ってビンタして、そのことに自分でパニックになって、その辺の小物で自分の頭を叩いたり、手首を切ったり。もう無理というときは、お母さんに電話をする。そうすると、お母さんが子どもを引き取りにきて、実家に泊めて、食べさせてくれる」

自傷が出るのは、自己嫌悪が高まるときだ。子どもを叩いたり、つらい思いをさせたりしている自分自身が直視できない。

「今日は頭のここのところにこぶができている」

と言って、髪をかき分けて見せてくれた。前日の夜、気持ちが高ぶったとき、彼の対応が悪くて、なだめてもらえず、彼の目の前で卓上塩の瓶で自分の頭をさんざん殴った。見ていた息子は黙って寝間着に着替え、「ママ、落ち着いてね」と言って、寝に行った。

子どもは公立保育園に通わせている。心療内科に通い「育児放棄の可能性あり」と診断書に書いてもらい、入園した。

あゆみさんには自分の危険性を知り、人に頼る力がある。芽衣さんには、それがなかった。

それでも、保育園では他のお母さんより劣っていると感じ、心を開けない。周囲は看護士や保育士だ。風俗をやっていてすみませんと感じる。世間話などしたら自分がばれる。だから、いつも緊張している。

あゆみさんは次々に男性を変える。

「男の人がいれば必ず安定する訳ではないけれど、いないとだめ。愛されていないと思うと何もできない」

風俗をするのは、幼いとき、自分は男の人にひどいことをされたのではなく、させてあげたのだという考え方を証明するためだ。

「そうじゃない、幼いあなたは男にひどいことをされたのだと決めつけられたら、ブチッと切れちゃいますね。お金をもらっていることが自信になる。個室で女王様気取りでいられるときは楽しい」

惨めな価値のない自分にはどうにも耐えられない。

あゆみさんがお客さんとの接触以上に痛みを覚えるのは、ネット上の評価だ。

「ネットは何千人もが読む。この店はどうだとか、そこの誰それはこうだとか。妊娠線があるとか、技術が下がったとか。人気がある子だと、俺のときは本番をやらせてくれたとも書かれるし。人気がない子はぼろくそにけなされる。見なければいいのだけれど、どうしても見てしまう。それで病む子もいます。店の女の子同士で、お互い、こき下ろして書く場合もあるんです」

ネット上の評価で傷つくのは、ストイックにオンとオフを切り替えて仕事をこなし、子どもを育て上げたあみさんも同じだ。

「自分への評価はすごく傷つくので見てはだめです。私は見ません。ネットの書き込みで、簡単に女の子をつぶすことができるんです」

性という極私が商品化され、評価されるとき、逃げ場がないところで深い傷を負う。

この四人の女性たちの話のそこかしこに、これまで追って来た芽衣さんの姿の断片が散らばっている。

## †性を拒否する言葉が奪われていた

二審の裁判で芽衣さんは風俗店では、お客さんを取るたびに、「男性に求められると、断らずに性的な関係になった」と証言している。驚くことに、客を取るたびにセックスをしていたのだ。もちろん、求められても断ることはできる。無理強いする客には、店が介入する。だが、芽衣さんは断らなかった。

芽衣さんがセックスを好んでいたとは思われない。子どもを置いて家を出ていた時美容院の店長の家に住み込んでいた。店長は芽衣さんが部屋に居着かれるのを恐れ、自分はゲイだと伝えた。二人の間にセックスはなかった。裁判で、肉体関係がないのに、なぜ、部屋にいたのかと問われて「そういうことをしなくて良かったから」と答えている。なければないほうがいい行為だったのだ。

西澤さんもまた、次のように説明している。

「芽衣さんは男性との性的な関係はなければない方が良かったと一貫して言っています。性的に放縦で欲求に身を任せているというのとは、違っていたと思います」

中学時代の輪姦体験について、芽衣さんは具体的な記憶がない。それは、その体験が軽かったからではなく、死の淵をのぞくような体験であったからだ。その日の夜、大量の服薬をして、病院に運び込まれたことはすでに述べた。解離性の病理を抱え、記憶を止めないことで生き延びてきたのだ。

このときの体験から、芽衣さんは男性の性的な欲求を前に、性は拒否するものではなく、受け入れてやり過ごすものになった。抗えばさらなる暴力を加えられることを学習していた。解離的な認知操作の末、記憶を飛ばし、その場をやり過ごすことが芽衣さんの苦しみからの逃げ方だったのではないか。

芽衣さんは、育ちの中で、性に関して「嫌だ」「違う」「できない」という拒否の言葉を奪われてきた。

つまり風俗店での仕事では、客を取るたびに強姦されたのに匹敵するダメージを受け続けていた、とも言えるのではないか。

そう考えた時、風俗の仕事に移った後、解離的な病理がより深まったということは十分にあり得ることだ。それが彼女の困難への対処方法だからだ。

それは、どれほどの苦しみを伴うものか。

その時、ホストの優しさや楽しさに触れたとしたら、その魅力には抗いがたかったのではないか。

父親とは、お金を貯め、四月になれば、四日市に戻って昼間の仕事に就くと約束を交わしていた。だが、ホストと遊びを繰り返すようになった三月に、父に次のメールを送っている。

「さっきゆえへんかったけど、夜の仕事はやっぱりしばらく続けることにしました。何回か相談したくて電話したけど、忙しいみたいやし、やっぱり自分のことやで父に相談してきめようなんて甘いと思って。

私は私で生活をしていくし水商売でも私は恥ずかしいこと今はしてないしこれからも今まで通り頑張って行きます」

父はこのメールに激怒したという。浮気をした妻と娘がどうしても重なって感じられた。

「それなら勝手にしろ、どうしても困って、助けを求めてきたら助けてやる」

かつて、三人の幼いわが子を連れて家を出て行った妻を半年間放置したように、浮気をして、約束を破り、家を離れてさまよう娘と孫を思いやることはできなかった。

「かわいそうな娘だった、今ならそう思えるのですが。事件後、いろいろな本を読み、少し娘のことが分かりました」

事件から三年が過ぎて、再度、取材に応じた父はそう回想した。

中学、高校時代、芽衣さんは家出を繰り返した。その度に、父や高校の先生が探し出し、迎えに来てくれた。

だが、大人になり、子どもを抱えた芽衣さんの元に、迎えは来ない。

子どもを自分に重ねていた芽衣さんは、苦痛のなかで、孤独に苦しむわが子そして自分自身を直視できない。さらに夢の中に逃げる。それは瞬く間に五十日間という時間になった。二人の子どもは、そのような母の元で死んで行った。

## †悲劇の真因は「母親であること」へのこだわり

四日市市内の、農家が点在する地域にある太田家から少し歩くと、畑の中に地区の人たちの先祖が眠る墓がある。その片隅に見上げるほどの一枚岩の戦没者の碑が建てられ、日中戦争や太平洋戦争で亡くなった人たちの名前が刻まれていた。太田の姓をもつ二十代、三十代の男性たちの名前も何人か書かれている。

人の命が国家や家のものだった時代が確かにあった。性が子産みに不可欠な以上、「家」を作るものは性だ。家制度のなかで、女性の性的な逸脱は許されない。そして男性たちは戦場に行った。

一方で九〇年代以降、性の自由化が急激に進んだ。社会的なサポートに乏しい若者たちが、短期間のうちに複数のパートナーと性体験をもつ。十代の妊娠、中絶、結婚、離婚が軒並み増えた。一九九〇年からの二十年間で三十代前半での未婚率は、男性で三割から五割へ、女性で一割から三割へと急激に増加した。

性の変化は家族の変化だ。九〇年代にはまだ残されていた「家制度」に支えられた「近代」は急激に変容した。

芽衣さんの事件は「近代」の家制度と現代の性の変化の狭間に落ち込んで起きたようにも見える。

結婚の形が変わり、就労のあり方も変わった二〇〇〇年代、個人のアイデンティティは必ずしも会社や家族などの集団では支えきれなくなった。集団内に留まるためには、常に他人から眼差《まなざ》され、評価され、個人の価値が計られなければならない。評価に耐えなければ、簡単にほかの人にすげ替えられる。人の商品化が広がる。

妻や子、孫という関係も代替可能な商品だ。「愛情」は「家族」なればこそ。家族の外に出てしまえば、安否を尋ねられることさえない。

母親になることを願った芽衣さんは、妻の地位を失った時、アイデンティティの基盤を失う。就労を可能にする教育を受けられなかった者として、自尊心をつなぎ止めるのは「男性に選ばれる私」しかいない。「男性と関係がある私」という商品となる。

SNSはいわばそんな芽衣さんのショーウインドウだ。

悲劇の真因は芽衣さんがよい母親であることに強いこだわりをもったことだ。だめな母親でもいいと思えれば、助けは呼べただろう。「風俗嬢」の中には夜間の託児所にわが子を置き去りにして、児童相談所に通報される者がいる。立派な母であり続けようとしなければ、そのようにして、あおいちゃんと環君が保護されることもあったのかもしれない。

だが、芽衣さんは母親であることから降りることができなかった。

自分が持つことができなかった立派な母親になり、あおいちゃんを育てることで、愛情に恵まれなかった自分自身を育てようとした。

だからこそ、孤独に泣き叫ぶ子どもに向き合うことができなかった。人目に晒すことは耐え難かった。母として不十分な自分を人に伝えられず、助けを呼べなかった。

結婚当初、芽衣さんの自尊心を支えたのは、家庭であり、夫の存在、健康に育つ子どもたちだった。不安で自信のない芽衣さんは、あらん限りの努力をしてその虚像を支えようとした。だが、頑張りは長くは続かない。理想の姿が崩れかけた時、それでも持ちこたえて、関係を持続することよりも、別の世界に飛んだ。それが芽衣さんが幼い時から長い時間をかけて習慣としてきた困難への対処方法だったからだ。

「飛翔」の陰に、解離が大きく影を落とす。

自尊が大きく揺らぐ時、人を捉えるのは「恥ずかしさ」だ。人が商品化された現代では、自らには価値がないという感覚に襲われたとき、人は自身を隠す。「恥ずかしさ」はさまざまな場所で人々を襲う。

## †「懲役三十年」は妥当か

一審判決の日、正面に立った芽衣さんは、前髪が乱れ、やつれているように見えた。肩先から茶色に変わった髪を長く一つにまとめている。七日間の公判中、慎ましく喪に服するように同じ黒いチュニックのパンツスーツで通した。

「被告人を懲役三十年に処する」

裁判長の声は容赦がなかった。裁判長の両隣には法衣を着た裁判官が、その左右の裁判員の席には六人の裁判員と一人の予備員が座り、静かに法廷を見ていた。裁判官の一人は若い女性だった。六人の裁判員の中には三十代と五十代後半と思われる二人の女性がいた。七日間の裁判で私が検察や裁判官の質問の中で、「育児をする女性の視点」を感じたのは、女性裁判官が芽衣さんの元夫に尋ねた「託児料はいくらか知っていますか？」という質問のみだった。元夫は「知らない」と答えた。

懲役三十年という量刑は、児童虐待としては突出して重い。

裁判で争われたのは、「被告人に殺意が認められるか否か」だった。

殺人罪であれば二人を殺害しており、懲役三十年は想定内だ。殺意がなかったとすれば、保護責任者遺棄致死罪となり、最長量刑は懲役二十年。二人が亡くなったことを考えれば、三十年もあり得る。ただし、情状が一切考慮されない場合だ。

判決では子どもたちの傍らに二、三食分の食べ物を残してマンションを去った六月十九日、「本件当日」の殺意が問われた。水道設備がなく、空の冷蔵庫しかないリビングに既に衰弱していたはずの子どもたちを残し、部屋の外から粘着テープを貼り、玄関に鍵を掛けて出掛けた。これは殺意だったのか。

芽衣さんは公判の中で、弁護士に問われて、次のように述べている。

弁護士「リビングとキッチンからトイレに行くドアがありますね。あそこにガムテープを張ったと思うのですが、なぜですか」

芽衣さん「二十一年の八月にあおいが出て行ったこともあるし、トイレで勝手にタッパーを持ってきて、水で遊んだりとか、その前も水道の水漏れ事故があったから、それを防ぐために開けられないようにしていました」

弁護士「水を出したというのは、何回もあったんですね」

芽衣さん「何回もありました」

冷蔵庫に食べ物が入っていなかったことについても、納豆やジュースなどをこぼすので、それをふせぐためだったと述べている。

精神鑑定を行った森裕《ひろし》医師は、「本件当日」の芽衣さんに「意識障害はなかった」とした。それゆえ「あおいらを放置する意思があったものと推認される」と言う。

弁護士側は「見捨てられた幼少期の自分の姿を避けるのに必死で、子供たちが死ぬことが（略）意識化される状態ではなかった」と、芽衣さんには殺意はなかったと主張した。

これらに対して判決は、森医師の精神疾患は認められないという判断に疑問は差し挟めないとして、殺意があったとした。

森裕医師は精神科医ではあるが、虐待の専門家ではない。

一方、芽衣さんの心理鑑定を行った西澤哲さんは、早くから虐待問題を日本に紹介し、虐待の臨床経験は膨大な数に上る。著書訳書も多く、厚生労働省の児童虐待等要保護事例の検証に関する専門委員会委員などで委員を務めてきた。

西澤さんは「殺意はなかったと断言できます」と言いきっている。

つまり、裁判では、児童虐待に関する臨床的な知見は重んじられなかった。

量刑の理由として、裁判長は、五十日間放置されて死んで行った一歳七カ月と三歳の子どもたちの死の「態様のむごさ」を挙げた。子どもたちの苦しみの最中、複数の男性と遊興にふけり、遺体発見後も男性とドライブに出掛けセックスをした芽衣さんの行動も非難した。さらに、遺族の厳しい処罰感情にも言及。一般予防の見地も無視できないとした。「解離性の病理」や「虐待」についての知識があれば読み解ける芽衣さんの行動は、そうでなければ、理解し難いほどの残虐行為だ。だが、最後まで、子どもたちのいるマンション界隈からはなれず、逮捕後も母親であることを主張し続ける芽衣さんは、意図的にわが子に殺意を抱いたのか。あるいは、放置することで死んでしまうなら、死んでしまってもいいというような「刑法上の殺意」＝未必の故意を抱いたのか。

## †厳しい遺族感情

遺族の処罰感情は、確かに厳しかった。

法廷で元夫はどのような刑を望むかと検察官から尋ねられて、次のように述べている。

「死刑も考えたが、一瞬で罪が償われるのは受け入れ難い。（略）あの子たちの苦しみ、つらさ、寂しさを考えると、芽衣にも同じだけを味わって、刑務所の中で一生過ごしていってほしいと思っている」

また、元夫の母親は次のように述べた。

「この事件で日本中に衝撃を与えました。あおいと環も苦しんで、苦しんで、苦しんで、泣いて、泣いて、泣いて、泣いて死んでいきました。芽衣がやったことには怒りを感じます。憎いです」

そして、濃紺のスーツのスカートの上で手を握りしめ、絞り出すように言った。

「二人が苦しんで苦しみぬいたのと同じくらいの刑にしてほしい。私は極刑を望みます」

裁判長は更に言う。

「被告人が自分の意思で子供らを引き取ると決めたのであるから、被告人は母親として、責任をもって子供らを適切に養育すべきであった（略）。被告人が真剣に子供らのことを考えるのであれば、あきらめたりせずに、（略）最後まで助けを求めるべきであった」

だが、大人たちの厳しい意見の前で、自己主張ができなくなるのが、自尊感情が弱まっている若者の特徴だ。助けを必要とする人たちが孤立し、自分に向き合えず、助けを求められなくなることがネグレクトの本質だ。だからこそ、早い介入が必要になる。

幼い頃のネグレクト体験が新たなネグレクトにつながった、虐待の連鎖があった、という弁護側の主張に関しては、父親の養育は問題がなく、高校時代は愛情溢れる生活を送り、結婚後は円満な家庭を築いていたとして、「被告人には、虐待体験の影響から脱却する契機が相当程度与えられていた」「生い立ちを、被告人に有利な事情として大きく考慮することはできない」とした。

だが、本当に父親の養育には問題はなかったのか。生涯の、ごく限られた安定した生活が、想像を超える苦しみを癒し、病理を跡形もなく消し去るのだろうか。

判決文は最後にこう述べる。

「本件で亡くなった子供らのような被害者が二度と出ることのないよう、行政を含む社会全般が、児童虐待の発見、防止に一層務めるとともに、子育てに苦しむ親に対して理解と関心を示し、協力していくことを願いつつ、被告人に対し、有期懲役の最高刑に処することとした次第である」

子育てに苦しむ親への理解とは、具体的には何なのだろうか。虐待に関する臨床的知見に基づいて検証することで得られるのではないのか。

## †「母親を降りる」という選択

芽衣さんは一審判決を受けて控訴した。九月から始まった二審の主任弁護人は、芽衣さんが、逮捕後に知り合った五十代と四十代の夫婦の薦めに応じて依頼した鈴木一郎弁護士で、一審の松原弁護士と弁護団を組んだ。鈴木弁護士は村木厚子厚労省元局長のフロッピーディスク改ざん事件に関わり名前を知られるようになった。

この夫婦はそろって拘置所で週に何度も芽衣さんと面会。二百通を超える手紙のやりとりをした。夫は幼い頃、両親が離婚し、育ちに恵まれなかった。自身の両親への怒りや不満を抱え、それが芽衣さんへの思いを強めていた。

二審公判中に芽衣さんはこの夫婦と養子縁組をして、十月二十四日の公判では高山芽衣(仮名)と名乗った。二審で法廷に立った芽衣さんは、黒いとっくりの長袖に、黒いパンツ。長い髪を頭頂に結っていた。この時期、若い女性たちの間で流行していた髪型で一審の清楚なイメージとは少し違って見えた。彼女が証人席に向かって歩くと頭頂の団子はゆらゆら不安定に揺れた。

傍聴席では、新しい養父が同じメーカーの黒の長袖シャツを着て、芽衣さんを見守っていた。

一審では芽衣さんは、実の親を否定する証言はしなかったが、この日、実父に対して、次のように言った。

「事件を起こす前のことだけれど、せめて一回くらいは実家に帰ってこいと言ってほしかった」

この日、出廷要請に応じなかった実母については次のように言った。

「お母さんには証人として立ってほしかった。もっと私自身のことを信じてほしかった」

新しい親という後ろ盾を得て、実の親への批判が可能になったのか。

この日の公判で、鈴木主任弁護士に「あおいちゃん、環ちゃんを愛していましたか」と問われ、「今でも、これからもそうだし、あおいと環のことは愛している。今からもっと大変なことがあるとおもうけれど、こんな母親でも見守っていてほしいと思う」と答えた。

二審の判決は控訴棄却だった。さらに芽衣さんは殺意はなかったとして上告した。

二〇一三年一月二十三日付の毎日新聞で反橋希美《そりはしのぞみ》記者は、拘置所の芽衣さんから手紙を受け取ったことを明かし、芽衣さんの声を次のように伝えている。

「(懲役)30年については、起こした事から考えれば受け入れなければいけないと思います。納得がいかないのは、〝積極的でなくても殺意が認められる〟ということです。上告したところで、結果が変わることは殆《ほとん》どないと思っています。それでも私は訴えていきたいです」

芽衣さんは最後まで、母親であり続けることを望み、殺意を否定した。

芽衣さんは、離婚の話し合いの場で、「私は一人では子どもは育てられない」と伝えることができれば、子どもたちは無惨に死なずにすんだ。その後も、あらゆる場所で、私は一人では子育てができないと語る力があれば、つまり、彼女が信じる「母なるもの」から降りることができれば、子どもたちは死なずにすんだのではないか。そう、問うのは酷だろうか。だが、子どもの幸せを考える時、母親が子育てから降りられるということもまた、大切だ。少なくとも、母親だけが子育ての責任を負わなくていいということが当たり前になれば、大勢の子どもたちが幸せになる。

大切なのは、芽衣さんが自分自身の言葉を見つけ、語り、人に伝えることだ。裁判を通じて、芽衣さんはそのことに成功したのだろうか。

最高裁（小貫芳信裁判長）は二〇一三年三月二十五日付で、上告を退ける決定をした。懲役三十年の判決は確定した。

ちくま新書
1029

ルポ　虐待《ぎゃくたい》
――大阪《おおさか》二《に》児《じ》置《お》き去《ざ》り死《し》事件《じけん》

二〇一三年九月一〇日　第一刷発行

著者　杉山春（すぎやま・はる）
発行者　熊沢敏之
発行所　株式会社 筑摩書房
東京都台東区蔵前二―五―三　郵便番号一一一―八七五五
振替〇〇一六〇―八―四一二三
装幀者　間村俊一
印刷・製本　株式会社 精興社



乱丁・落丁本の場合は、左記宛にご送付下さい。
送料小社負担でお取り替えいたします。
ご注文・お問い合わせも左記へお願いいたします。
〒三三一―八五〇七　さいたま市北区櫛引町二―六〇四
筑摩書房サービスセンター　電話〇四八―六五一―〇〇五三



ISBN978-4-480-06735-7 C0236

## ちくま新書

673 ルポ 最底辺 ――不安定就労と野宿 生田武志

野宿者はなぜ増えるのか？ フリーターが「若者」ではなくなった時どうなるのか？ 野宿と若者の問題を同じ位相で捉え、社会の暗部で人々が直面する現実を報告する。

883 ルポ 若者ホームレス 飯島裕子 ビッグイシュー基金

近年、貧困が若者を襲い、20〜30代のホームレスが激増している。彼らはなぜ路上暮らしへ追い込まれたのか。貧困が再生産される社会構造をあぶりだすルポ。

897 ルポ 餓死現場で生きる 石井光太

飢餓で苦しむ10億人。実際、彼らはどのように暮し、生き延びているのだろうか？ 売春、児童結婚、ＨＩＶ、子供兵など、美談では語られない真相に迫る。

955 ルポ 賃金差別 竹信三恵子

パート、嘱託、派遣、契約、正規……。同じ仕事内容でも、賃金に差が生じるのはなぜか？ 非正規雇用という現代の「身分制」をえぐる、衝撃のノンフィクション！

736 ドキュメント 死刑囚 篠田博之

児童を襲い、残虐に殺害。死刑執行された宮﨑と宅間。そして確定囚の小林。謝罪の言葉を口にすることなく、むしろ社会を挑発した彼らの肉声から見えた真実とは。

809 ドキュメント 高校中退 ――いま、貧困がうまれる場所 青砥恭

高校を中退し、アルバイトすらできない貧困状態へと落ちていく。もはやそれは教育問題ではなく、社会を揺るがす問題である。知られざる高校中退の実態に迫る。

1020 生活保護 ――知られざる恐怖の現場 今野晴貴

高まる生活保護バッシング。その現場では、いったい何が起きているのか。自殺、餓死、孤立死……。追いつめられ、命までも奪われる「恐怖の現場」の真相に迫る。

# ちくま新書

511 子どもが減って何が悪いか！ 赤川学

少子化をめぐるトンデモ言説を、データを用いて徹底論破！　社会学の知見から、少子化が避けられないことを示し、これを前提とする自由で公平な社会を構想する。

527 社会学を学ぶ 内田隆三

社会学を学ぶ理由は何か？　著者自身の体験から、パーソンズの行為理論、フーコーの言説分析、ルーマンらのシステム論などを通して、学問の本質に迫る入門書。

606 持続可能な福祉社会 ——「もうひとつの日本」の構想 広井良典

誰もが共通のスタートラインに立つにはどんな制度が必要か。個人の生活保障や分配の公正が実現され環境制約とも両立する、持続可能な福祉社会を具体的に構想する。

649 郊外の社会学 ——現代を生きる形 若林幹夫

「郊外」は現代社会の宿命である。だが、その輪郭は捉え難い。本書では、その成立ちと由来を戦後史のなかに位置づけ、「社会を生きる」ことの意味と形を問う。

659 現代の貧困 ——ワーキングプア／ホームレス／生活保護 岩田正美

貧困は人々の人格も、家族も、希望も、やすやすと打ち砕く。この国で今、そうした貧困に苦しむのは「不利な人々」ばかりだ。なぜ？　処方箋は？　をトータルに描く。

710 友だち地獄 ——「空気を読む」世代のサバイバル 土井隆義

周囲から浮かないよう気を遣い、その場の空気を読もうとするケータイ世代。いじめ、ひきこもり、リストカットなどから、若い人たちのキツさと希望のありかを描く。

787 日本の殺人 河合幹雄

殺人者は、なぜ、どのように犯行におよんだのか。彼らにはどんな刑罰が与えられ、出所後はどう生活しているか……。仔細な検証から見えた人殺したちの実像とは。

## ちくま新書

1000 生権力の思想
――事件から読み解く現代社会の転換
大澤真幸
我々の生を取り巻く不可視の権力のメカニズムとはいかなるものか。ユダヤ人虐殺やオウム、宮崎勤の犯罪など象徴的事象から、現代における知の転換を読み解く。

415 お姫様とジェンダー
――アニメで学ぶ男と女のジェンダー学入門
若桑みどり
白雪姫、シンデレラ、眠り姫などの昔話にはどのような意味が隠されているか。世界中で人気のディズニーのアニメを使って考えるジェンダー学入門の実験的講義。

432 「不自由」論
――「何でも自己決定」の限界
仲正昌樹
「人間は自由だ」という考えが暴走したとき、ナチズムやマイノリティ問題が生まれる――。逆説に満ちたこの問題を解きほぐし、21世紀のあるべき倫理を探究する。

578 「かわいい」論
四方田犬彦
キティちゃん、ポケモン、セーラームーン――。日本製のキャラクター商品はなぜ世界中で愛されるのか？「かわいい」の構造を美学的に分析する初めての試み。

742 公立学校の底力
志水宏吉
公立学校のよさとは何か。元気のある学校はどんな取り組みをしているのか。12の学校を取り上げた本書は、公立学校を支える人々へ送る熱きエールである。

758 進学格差
――深刻化する教育費負担
小林雅之
統計調査から明らかになった進学における格差。なぜ今まで社会問題とならなかったのか。諸外国の奨学金のあり方などを比較しながら、日本の教育費負担を問う。

677 解離性障害
――「うしろに誰かいる」の精神病理
柴山雅俊
「うしろに誰かいる」という感覚を訴える人たちがいる。高じると自傷行為や自殺を図ったり、多重人格が発症することもある。昨今の解離の症状と治療を解説する。

ちくま新書

937 階級都市
――格差が街を侵食する
橋本健二
街には格差があふれている。古くは「山の手」「下町」と身分によって分断されていたが、現在もその構図は変わっていない。宿命づけられた階級都市のリアルに迫る。

941 限界集落の真実
――過疎の村は消えるか？
山下祐介
「限界集落はどこも消滅寸前」は嘘である。危機を煽り立てるだけの報道や、カネによる解決に終始する政府の過疎対策の誤りを正し、真の地域再生とは何かを考える。

947 若者が無縁化する
――仕事・福祉・コミュニティでつなぐ
宮本みち子
高校中退者、若者ホームレス、低学歴ニート、世の中から切り捨てられ、孤立する若者たち。彼らを社会につなぎとめるために、現状を分析し、解決策を探る一冊。

992 「豊かな地域」はどこがちがうのか
――地域間競争の時代
根本祐二
低成長・人口減少の続く今、地域間の「パイの奪いあい」が激化している。成長している地域は何がちがうのか？北海道から沖縄まで、11の成功地域の秘訣を解く。

775 雇用はなぜ壊れたのか
――会社の論理vs.労働者の論理
大内伸哉
社会を安定させるために「労働」はどうあるべきか？セクハラ、残業、労働組合、派遣労働、正社員解雇など、雇用社会の根本に関わる11のテーマについて考える。

722 変貌する民主主義
森政稔
民主主義の理想が陳腐なお題目へと堕したのはなぜか。その背景にある現代の思想的変動を解明し、複雑な共存のルールへと変貌する民主主義のリアルな動態を示す。

1001 日本文化の論点
宇野常寛
私たちは今、何に魅せられ、何を想像／創造しているのか。私たちの文化と社会はこれからどこへ向かうのか。人間と社会との新しい関係を説く、渾身の現代文化論！